Studienbrief

der Trainerakademie Köln

des Deutschen Sportbundes

Studienbriefe der Trainerakademie Köln e. V.

Bereits erschienen:

Studienbrief 1: Einführung in die Ausbildung von Trainern an der Trainerakademie (FRIEDRICH/GROSSER/R. PREISING)
Studienbrief 2: Sport und Gesellschaft (W. PREISING)
Studienbrief 3: Wissenschaftliche Modelle zur Deutung der sportlichen Praxis (HAGEDORN)
Studienbrief 4: Pädagogische Grundlagen des Trainings (KURZ)
Studienbrief 6: Funktionelle Anatomie (ZIMMERMANN)
Studienbrief 7: Sportverletzungen. Vorbeugen, Erste Hilfe und Wiederherstellung (HINRICHS)
Studienbrief 11: Individuelle Voraussetzungen der sportlichen Leistung und Leistungsentwicklung (GABLER)
Studienbrief 13: Individuelle Handlungsregulation (EBERSPÄCHER)
Studienbrief 14: Grundlagen der Biomechanik (BAUMANN)
Studienbrief 15: Grundlagen der Statistik (FLEISCHER)
Studienbrief 17: Kontrollverfahren zur Leistungsoptimierung (GROSSER/NEUMAIER)
Studienbrief 19: Trainingsplanung (STARISCHKA)
Studienbrief 20: Training der konditionellen Fähigkeiten (GROSSER)
Studienbrief 22: Taktik im Sport (KERN)
Studienbrief 23: Training im Kindes- und Jugendalter (MARTIN)
Studienbrief 24: Talentsuche, Talentauswahl und Talentförderung (CARL)

In Vorbereitung:

Studienbrief 5: Die Rolle des Trainers in der Öffentlichkeit (FRIEDRICH/FORNOFF)
Studienbrief 8: Energiestoffwechsel und medizinische Leistungsdiagnostik (HECK)
Studienbrief 9: Training, Grundlagen und Anpassungsprozesse (HOLLMANN)
Studienbrief 10: Ausgesuchte Kapitel: Gesundheit und Leistungssport (KASPRZAK/KLÜMPER)
Ernährung für Training und Wettkampf (KONOPKA)
Training und Wettkampf unter extremen Bedingungen (HOLLMANN)
Doping (DONIKE)
Studienbrief 12: Menschenführung und Gruppenprozesse (HUG)
Studienbrief 16: Medien in Training und Wettkampf (HOMMEL)
Studienbrief 18: Bedingungen des sportlichen Wettkampfs (BUDINGER/HAHN)
Studienbrief 21: Bewegungslernen und Techniktraining (RIEDER/LEHNERTZ)

Studienbrief der Trainerakademie Köln
des Deutschen Sportbundes

Studienbrief 3

Wissenschaftliche Modelle zur Deutung der sportlichen Praxis

von Günter Hagedorn

Hofmann-Verlag Schorndorf

CIP-Titelaufnahme der Deutschen Bibliothek

Hagedorn, Günter:
Wissenschaftliche Modelle zur Deutung der sportlichen Praxis / von Günter Hagedorn. [Hrsg.: Trainerakad. Köln e. V.]. — Schorndorf : Hofmann, 1990
  (Studienbrief der Trainerakademie Köln des Deutschen Sportbundes ; Studienbrief 3)
  ISBN 3-7780-8031-8
NE: Trainerakademie <Köln>: Studienbrief der Trainerakademie...

Bestellnummer 803

Herausgeber: Trainerakademie Köln e. V.

© 1990 by Verlag Karl Hofmann, 7060 Schorndorf

Redaktion: Rolf M. Kilzer

Alle Rechte vorbehalten. Ohne ausdrückliche Genehmigung des Verlags ist es nicht gestattet, die Schrift oder Teile daraus auf fototechnischem Wege zu vervielfältigen. Dieses Verbot — ausgenommen die in § 53, 54 URG genannten Sonderfälle — erstreckt sich auch auf die Vervielfältigung für Zwecke der Unterrichtsgestaltung. Als Vervielfältigung gelten alle Reproduktionsverfahren einschließlich der Fotokopie.

Gesamtherstellung in der Hausdruckerei des Hofmann-Verlags
Printed in Germany · ISBN 3-7780-8031-8

Inhaltsverzeichnis

	Einstieg	7
1.	**Einige Voraussetzungen und Grundlagen für diesen Studienbrief**	9
1.1	Das Ziel: Qualifikation zum Trainer	9
1.1.1	Die Aufgabe wissenschaftlicher Modelle	11
1.1.2	Lernziele des Studienbriefes	11
1.2	Welt- und Menschenbild im Leistungssport	13
1.3	Wie bewältigen wir unser Leben?	15
1.3.1	Einige anthropologische Merkmale	15
1.3.2	Die Ungewißheit des Menschen	16
1.3.3	Maßnahmen gegen die Ungewißheit	17
1.4	Wissenschaftliche Modelle	19
1.5	Training als Modell des Wettkampfes	22
1.6	Lernkontrollen	23
2.	**Das Person-Umwelt-Modell**	27
2.1	Grundschema der Person-Umwelt-Beziehung	27
2.2	Gruppen als Systeme im Sport	29
2.3	Die Verarbeitung von Umwelteinflüssen	32
2.4	Verarbeitung äußerer und innerer Reize	34
2.5	Die Perspektive des Trainers	37
2.6	Lernkontrollen	39
3.	**Das kybernetische Modell**	41
3.1	Das Kreismodell	41
3.2	Der kybernetische Regelkreis	43
3.3	Der Regelkreis im Sport	45
3.4	Lernkontrolle zum Regelkreis	48
3.5	Die Steuerkette	49
3.6	Folgerungen für die Praxis	53
4.	**Das Kommunikationsmodell**	55
4.1	Der Fall: Man trennte sich einvernehmlich	55
4.2	Grundmodell der Kommunikation	57
4.3	Kommunikationskanal	59
4.4	Grundbegriffe der technischen Kommunikation	61
4.5	Kritische Einschätzung	63
4.6	Das Grundmodell der zwischenmenschlichen Kommunikation	64
4.7	Der Kommunikator	66

4.8	Der Kommunikant	68
4.9	Einige Grundsätze der menschlichen Kommunikation	69
4.10	Folgerungen für die Praxis	71
4.11	Lernkontrolle	71
5.	**Handlungsmodelle im Sport**	73
5.1	Das Reiz-Reaktion-Modell (Behaviorismus)	75
5.2	Der Weg nach innen	78
5.2.1	Die TOTE-Einheit	78
5.2.2	Ein Handlungsmodell	82
5.2.3	Folgerungen für die Praxis	86
6.	**Anhang**	89
6.1	Lösungen zu den im Text gestellten Aufgaben	89
6.2	Anmerkungen	90
6.3	Literaturverzeichnis	90
6.4	Verzeichnis der Abbildungen	91
6.5	Wir raten zu lesen	92

An die Stelle des Zufallerfolges soll die wissenschaftliche Sicherheit treten.

CARL DUISBERG

Einstieg

Der Fall: Perfektionitis und Chaostitis

Stellen wir uns einen Trainer, z. B. Trainer A. vom Verein X vor. Trainer A. leidet an der spasmischen Perfektionitis. Das ist ein entzündlicher Zustand des Gemüts, bei dem Anti-Intuition-Körper mit hoher Resistenz gebildet werden. Zum Krankheitsbild gehört eine krampfhafte Planungsaktivität. Trainer A. sammelt Bücher, Aufsätze, Artikel; katalogisiert sie; legt Karteikarten an, Verfasserkarteikarten, Stichwortkarteien; läßt Spiele beobachten, sammelt die Daten in Tabellen, ordnet die Tabellen in einer Kartei . . .

Die spasmische Perfektionitis gipfelt im kritischen Zustand des Wettkampfes. Trainer A. umgibt sich nun auch während des Spiels mit Karteikästen, Filmprojektor und Leinwand, mit Videorekorder und Bildschirm, drückt hier, zieht dort, blättert vor, langt zurück. Seine Hände sind ruhelos tätig. Die Folge: Trainer A. gerät ins Hintertreffen. Er entdeckt heute Lösungen für Situationen von gestern, vorgestern und vorvorgestern. Er sagt seinen Spielern eindringlich und überzeugend, wie sie damals hätten entscheiden sollen, können, müssen. Und wie er selbst entschieden und gehandelt hätte, wäre er damals schon so weit gewesen, wie er heute ist.

Wer der einen Gefahr entflieht, gerät oft, unwissentlich und ohne Absicht, in eine andere, nicht minder große Gefahr. Furcht ist eine gefährliche Verführerin . . .

Furcht entwickelt eine Art überschießendes Potential gemäß dem Gesetz der Woge: Je höher der Gipfel, um so tiefer das Tal. Aber Wogengipfel und Wogental sind nur zwei wechselnde Zustände des gleichen Sturmtiefs. Ebenso ist der Zustand der spasmischen Perfektionitis nur die Kehrseite ihrer siamesischen Zwillingsschwester, der virulenten Chaostitis.

Dieser Krankheit begegnet man in Training und Wettkampf und sie äußert sich ihrerseits in klassischen Symptomen. Trainer B., der zufällig beim Club vorbeischaut, weil er gerade nichts anderes vorhat, entdeckt, wieder rein zufällig, daß seine Mannschaft trainiert. Ohne ihn. B. leiht sich Sportschuhe von einem Spieler,

Trainingsanzug, Socken, und dann wird trainiert, richtiger: es wird gespielt, denn „Spielen lernt man nur durch Spielen". B., vormals ein bekannter Spieler, zeigt nun, was er selbst noch kann, und was seine Spieler alles noch nicht können.

B. ist Improvisationsgenie. Er vergißt die Zeit und den Treffpunkt mit der Mannschaft und muß regelmäßig den Mannschaftsbus mit einer gemieteten Taxe einholen. Von der gegnerischen Mannschaft weiß er sehr genau, daß sie irgendwo im Westfälischen oder in Oberbayern wohnt, und daß sie — wie seine eigene Mannschaft — Fußball (oder Basketball, Handball, Hockey, Volleyball) spielt . . . (1).

Das sind Karikaturen von Trainern. Aber dennoch lebt ein Stück von ihnen in jedem wirklichen Trainer. Der eine sagt: „Im Sport lauert hinter jedem Busch der Zufall, um mir ein Bein zu stellen." Und er beschließt, alle Büsche zu roden.

Der andere denkt: „Planen, das ist die intellektuelle Form von Feigheit", und beschließt, alles dem jeweiligen Augenblick zu überlassen.

Der Sport lebt aus beidem, aus dem *Zufall,* der Spannungen schafft, und dem *Plan,* der dem Ganzen seine wiederholbare Ordnung gibt. Erkenntnisse und Modelle der Sportwissenschaft dienen eher der Planung. Aber indem die Wissenschaft ihre eigenen Grenzen eingesteht, räumt sie dem Zufall (in der Form intuitiven, spontanen Handelns) seine Rechte ein.

1. Einige Voraussetzungen und Grundlagen für diesen Studienbrief

Die sportliche Praxis des Trainers sollte sich weder dem Perfektionismus noch dem Chaos verschreiben. Dies genügt jedoch nicht als Zielangabe eines Studiums. Das Ziel insbesondere dieses Studienbriefes 3 muß vielmehr positiv benannt werden.

1.1 Das Ziel: Qualifikation zum Trainer

Fragestellung Was heißt das: Qualifikation zum Trainer?

Das Curriculum der Trainerakademie sagt dazu:

Auswertung
— *Sport* ist ein besonderes *Erlebnisfeld* außerhalb der Alltäglichkeit;

— der Trainer ist innerhalb des *Sozialfeldes Sport* tätig und soll hier Sportlern ein sinnvolles und erlebnisintensives Handeln ermöglichen;

— Voraussetzung dafür sind seine *sportliche Erfahrung, fachliches Wissen* und sein *pädagogisches Können;*

— seine praktische Tätigkeit ist *theoriegeleitet,* indem er wissenschaftliche Erkenntnisse für die Praxis nutzt;

— seine vielleicht wichtigste Einsicht ist die, daß sich seine Tätigkeit in *ständigem Dialog* mit den Athleten, den sportlichen Organisationen und der Öffentlichkeit (Gesellschaft) vollzieht.

Die Qualifikation zum Trainer soll erworben werden in drei Bereichen, die im Curriculum der Trainerakademie eingeteilt wurden in **verbindende, sportartspezifische und ergänzende Lehrveranstaltungen.**

1. Aspekt Der vorliegende Studienbrief kann nur einen geringen Teil dieser Voraussetzungen erfüllen helfen. Dieser Teil wird im Curriculum als **ergänzende (fächerübergreifende) Lehrveranstaltung** verstanden, im Unterschied zu den verbindenden und den sportartspezifischen Lehrveranstaltungen.

Einige Voraussetzungen und Grundlagen für diesen Studienbrief

Die ergänzenden (fächerübergreifenden) Lehrveranstaltungen vermitteln allgemeines, über einzelne Fächer und über fächerverbindende Inhalte hinausgehendes Wissen. Dieses Wissen gilt auch außerhalb des Sports, wird hier jedoch auf den Sport bezogen angewandt.

Zum ergänzenden Curriculum gehören Kenntnisse und Wissen, über die jeder Trainer verfügen sollte. Ob Ruder- oder Boxtrainer, ob Trainer einer Sportspielmannschaft oder einer Eisschnelläuferin, sie alle müssen bestimmte **sportwissenschaftliche Methoden** kennen und anwenden können, z. B. solche des Messens, des Beobachtens, der Quellenanalyse.

Wissenschaftstheorien sind u. a. deshalb für alle Trainer bedeutsam, weil sie in den unterschiedlichen Positionen des Praktikers als „Standpunkt" wiederkehren und Verständnis für sportwissenschaftliche Fragen wecken; **Gesellschaftstheorien** sollen allen Trainern den Blick dafür öffnen, daß ihr Sport Teil eines umfassenden kultur- und gesellschaftspolitischen Prozesses ist.

Im **verbindenden Curriculum** werden Gegenstände vereinigt, die sportspezifisch sind und für alle Sportarten und Disziplinen gelten können, z. B. Fragen (Theorien) des Leistungssports, des **Trainings** und **Wettkampfes**; das Problem des **Trainerverhaltens** und der **Motivation** im und durch Sport; Fragen des **Lehrens und Lernens**; Gesetze der **Bewegungslehre** und **Biomechanik**, der **Physiologie** und **Biochemie**; Erkenntnisse der **funktionellen Anatomie**, der **Sportmedizin** und **Physiotherapie**; Einsichten in die **Struktur** des nationalen und internationalen **Sports**.   2. Aspekt

Mit dem sportartspezifischen Curriculum werden die Probleme der jeweiligen Sportart erfaßt. Diese reichen von der **Struktur der Sportart,** über eine Theorie der Leistung, über **Didaktik** und **Lehrpraxis** bis hin zur **Trainings- und Wettkampfpraxis** und einer **sportartspezifischen Leistungsdiagnose.**   3. Aspekt

1.1.1 Die Aufgabe wissenschaftlicher Modelle

Dieses allgemeine Wissen betrifft im vorliegenden Studienbrief wissenschaftliche Modelle, die von unterschiedlichen Mutterwissenschaften entwickelt, inzwischen auf die Sportwissen-   **Problemstellung** schaft, auf Bewegungs-, Wettkampf- und Trainingslehre übertragen wurden. Sie werden hier unter dem Gesichtspunkt ihrer Übertrag- und Anwendbarkeit im Sport behandelt.

Merksatz

> **Wissenschaftliche Modelle dienen dazu, die Einsicht des Trainers in größere Zusammenhänge des sportlichen Handlungsfeldes zu fördern und die Fähigkeit vermitteln zu helfen, die konkreten Probleme der Person-Umwelt-Beziehung, der sportlichen Anforderung, des sportlichen Handelns und Kommunizierens auf der höheren Ebene eines Modells zu betrachten und zu lösen.**

Weiterführung

Daraus leiten sich einige *Lernziele* ab. Der Studierende sollte mit Hilfe der *Lernkontrollen* des Studienbriefes überprüfen, ob oder in welchem Umfang diese Lernziele von ihm erreicht wurden.

Dabei sind zu unterscheiden **Kenntnis-, Erkenntnis-** und **Verhaltensziele.** Am leichtesten fällt die Kontrolle von Kenntnissen, am schwierigsten ist die des Verhaltens, weil sich Verhalten längerfristig und in verschiedenen Situationen bewähren muß.

1.1.2 Lernziele des Studienbriefes

Die Adressaten des Studienbriefes 3 sollen durch die Auseinandersetzung mit seinen Inhalten und deren Aneignung folgende Ziele erreichen (können):

Lernziel 1

Studierende sollen eine neue, offene Beziehung gewinnen zu fachspezifischen, fächerverbindenden, insbesondere zu fächerübergreifenden Gegenständen und Fragen, die sie zu einer grundsätzlichen Auseinandersetzung mit (und über) Sport und Leistungssport sowie Begründungsideologien befähigt.

Lernziel 1 ist ein Verhaltensziel, dessen Grundlage fundierte Sachkenntnisse bilden. Kritik üben und einen begründeten Standpunkt beziehen vermag nur, wer über Sachwissen verfügt, Vorzüge und Nachteile abzuwägen, Ursache und Wirkung zu unterscheiden, Persönliches von Sachlichem zu trennen und unterschiedliche Standpunkte zu verstehen vermag.

Diese Fähigkeiten zur Analyse, zur Bewertung, zur Entscheidung und Toleranz sind gewiß nicht (allein) durch diesen Studienbrief erlernbar, sie sollten jedoch angeregt werden.

Einige Voraussetzungen und Grundlagen für diesen Studienbrief

Studierende sollen Einsicht und Verständnis entwickeln hinsichtlich der Übereinstimmungen und der Unterschiede zwischen den wissenschaftlichen und sportpraktischen Positionen, Fragestellungen und Verfahren in den übrigen Studienbriefen.	**Lernziel 2**
Lernziel 2 beschreibt die Absicht des Studienbriefes 3, Zusammenhänge im Studium aufzudecken und dabei zu helfen, die Fülle des Stoffes, der Meinungen und Methoden auf bestimmte Grundprinzipien zurückzuführen.	**Erläuterung**
Wissenschaftliche Modelle sind eine wesentliche Hilfe bei der Organisation des Lernens, des Studiums und der Sportpraxis. Ihre Nutzung setzt voraus, daß Aufbau (Struktur), Zweck (Funktion) und Übertragbarkeit (Transfer) von Modellen bekannt sind. Diese sind als Wissen überprüfbar. Ihre Anwendung in beruflicher Praxis bleibt dem zukünftigen Trainer vorbehalten.	
Studierende sollen Grundkenntnisse über solche wissenschaftlichen Modelle erwerben, die in anderen Studienbriefen angewandt werden zur Deutung fachspezifischer Probleme.	**Lernziel 3**
Wissenschaftliche Modelle bilden in allen Studienbriefen eine Art theoretischen Rahmen, in den die (praktischen) Inhalte eingefügt werden. Das Modell gibt den Inhalten eine Ordnung. Es wird aber in den einzelnen Studienbriefen nicht jedesmal selbst erneut erklärt, es wird dort vielmehr benutzt zur Erklärung fachlicher Zusammenhänge.	**Erläuterung**
Lernziel 3 ist somit dann erreicht, wenn die Grundkenntnisse über solche Modelle erworben und gesichert wurden, so daß sie dabei helfen können, andere Studienbriefe zu erarbeiten.	

1.2 Welt- und Menschenbild im Leistungssport

Problemstellung

Spitzentrainer befassen sich in der Hauptsache mit Leistungssport. Welches Welt- und Menschenbild hat dieser? Eigentlich hat er keines!

Auswertung

Es gibt weder *den* Leistungssport noch ist dieser eine mythische, magische oder reale Person, die ein „Bild" hat.

Leistungssport ist ein bestimmter Organisationsrahmen innerhalb des Sports, den Sporttreibende ausfüllen und ausdeuten, somit auch verändern. Sie bringen ihr Welt- und Menschenbild in diesen Rahmen ein oder entwickeln es, während sie ihn ausfüllen und auslegen.

Das Curriculum der Trainerakademie umschreibt diesen Tatbestand mit dem Begriff des **Sozialfeldes** Sport. Innerhalb dieses Sozialfeldes findet statt

„eine Art Dialog zwischen verschiedenen und unterschiedlichen Partnern, seien es nun Gruppen oder Individuen, die interagieren und miteinander kommunizieren. In diesem aktiven sportbezogenen Dialog werden innerhalb allgemeiner gesellschaftlicher Bindungen die sportlichen Werthaltungen und Zielvorstellungen entwickelt, bestätigt und auch verändert . . ." (Curriculum S. 7).

Das gilt in so allgemeiner Form vermutlich auch für andere Ausprägungen des Sports. Kritiker bezweifeln allerdings die Gültigkeit dieser Aussagen. Leistungssport werde von Prinzipien der Vergleichbarkeit und des Überbietens bestimmt. Er bilde deshalb unter dem Druck der „Leistungsproduktion" arbeitskonforme (also negative) Muster aus und bilde kommunikative (also positive) Formen zurück.

Diese unterschiedlichen Deutungen bestätigen, daß das Welt- und Menschenbild im Leistungssport keine feste Vorgabe, sondern ein Prozeß des Deutens ist. Das Prinzip der Gleichheit (von Rassen, Religionen, Personen und Geschlecht) gilt in der Menschheitsgeschichte als eine ethische Errungenschaft. Verdient das Prinzip im Sport deshalb Abwertung, weil es dazu zwingt, Regeln einzuführen und zu beachten? Das Prinzip des Überbietens bildet im weiten Sinne die Grundlage einer Höher- und Weiterentwicklung in Wirtschaft, Kultur und Technik. Soll der Wettkampf im Sport deshalb von Übel sein, weil die Auslegung seiner Regeln Probleme schafft?

> **Leistungssport** ist ein Handlungsfeld, in dem der Dialog zwischen Sportlern an die Grenzen der Beanspruchung und Belastbarkeit verlegt wird. An diesen Grenzen ist die Möglichkeit wiederholbar, sich zu bewähren und zu scheitern.

1. Definition

Der Eintritt in und der Austritt aus solchem Dialog sind freigestellt. Aber innerhalb des Handlungsfeldes gelten oftmals strengere Regeln als in der Öffentlichkeit. Wer die Droge nimmt, wird im Sport disqualifiziert; die Gesellschaft therapiert.

Letztlich wird der Sportler gerade im Leistungssport durch die Begegnung mit dem Gegner zu sich selbst und zu seinen eigenen Möglichkeiten, aber auch an die eigenen Grenzen geführt.

> **Leistungssport** zwingt den Sportler in der Grenzsituation des Wettkampfes zur Begegnung mit dem anderen (als Partner und Gegner) und führt ihn dadurch zu sich selbst.

2. Definition

Im Hochleistungssport und Profisport geraten Trainer und Athleten immer stärker in Abhängigkeit vom Management und unter den Einfluß auch außersportlicher Kräfte und Mächte. Es wird deshalb immer schwieriger, diese Einflüsse auf das sportliche Umfeld zu begrenzen und von Training und Wettkampf fernzuhalten. Geraten Wettkampfregeln und deren Auslegung sowie das regelbezogene Verhalten von Sportlern und Trainern unter diese Einflüsse, so entsteht ein neues, nicht-sportliches Handlungsfeld (vgl. Show-Business, Sensationen-Circus, Catchen usf.).

Das Curriculum spricht von der

,,Notwendigkeit der Erarbeitung einer Theorie des Leistungssports, die diesen im Weltbild und in der gesellschaftlichen Wirklichkeit definiert" (Curriculum S. 5).

Diese Aufgabe wird im wesentlichen in den Studienbriefen 1, 2, 4, 5, 11, 12 in unterschiedlichen Ansätzen geleistet. Für diesen Studienbrief 3 mögen die Ausführungen genügen.

Hinweis

1.3 Wie bewältigen wir unser Leben?

Einführung

Wir konnten unter 1.2 keine „Theorie des Leistungssports" entwickeln. Hier kann es nicht unsere Aufgabe sein, eine „Lebensphilosophie" zu schreiben. Es erscheint aber nützlich, die Bedeutung des Sports und der Wissenschaft zu umreißen für das, was wir die *Bewältigung des Lebens* nennen. Dazu müssen wir einige Merkmale des Menschen herausheben.

1.3.1 Einige anthropologische Merkmale

Problemstellung

Generell wird dem Menschen bezüglich seiner Fähigkeiten eine zentrale Rolle unter den Lebewesen eingeräumt. Und das gerade deshalb, weil er ein **Mängelwesen** ist.

Auswertung

Nach Ansicht der Anthropologie („Lehre vom Menschen", gr. anthropos „Mensch") und Verhaltensforschung (Ethologie) besitzt der Mensch keine Instinktsicherung wie das Tier. Seine Triebstruktur, also die Steuerung durch angeborene Mechanismen, ist rudimentär. Gleichermaßen zurückgeblieben sind seine natürlichen Waffen. Er verfügt weder über Krallen noch Reißzähne oder Hörner. Der Bär ist stärker, der Affe klettert besser, der Fisch schwimmt schneller, und über die Flugfähigkeiten des Adlers oder Reihers wird der Mensch wohl noch in tausend Jahren rätseln.

Zugleich ist er eine Frühgeburt. Er kommt nach neun Monaten völlig hilflos auf die Welt. Er kann sich nicht fortbewegen, nicht ernähren, nicht gegen Feinde schützen. Dennoch hat er es von den Säugern am weitesten gebracht. Dafür gibt es zwei wesentliche Gründe.

Einmal ist er mit einem **Großhirn** ausgerüstet, das das dreifache Gewicht vergleichbarer Säuger aufweist: Orang-Utan 400 g, Gorilla 430 g, Mensch 1 450 g. Dieser gewichtsmäßige (quantitative) Unterschied läßt die Möglichkeiten ahnen, die in diesem gewaltigen Speicher- und Steuerzentrum des Menschen verborgen sind. Wir dürfen vermuten, daß im Zuge der Entwicklung (Evolution) mit der Zunahme des Großhirns (Zentralnervensystem, ZNS) die Instinktsicherung abnahm. Die „höhere" Steuerung verdrängte „niedrigere" Steuerleistungen. Das ZNS aber macht den Menschen zum **Lernwesen.** Dadurch wird er zwar nicht stärker als der Bär und schneller als der Fisch, aber er kann sich allen Medien anpassen, was einem Tier versagt ist.

Als Mängel- und Lernwesen ist der Mensch auf Lernhilfen angewiesen. Diese bietet ihm das *soziale Umfeld* als Familie, Gruppe und Kultur. Das wohl wichtigste Medium ist dabei die *Sprache.* Sie ermöglicht Kontakte über Instinktresiduen hinaus und ermöglicht den Aufbau ganz neuartiger, auch abstrakter Beziehungen. Eines dieser geistigen Konstrukte sind Modelle, mit denen der Mensch sein Leben zu bewältigen trachtet.

Das Sozialbedürfnis des Menschen und seine Kulturfähigkeit führen zu völlig neuen Formen der Auseinandersetzung mit der Umwelt. Er baut sich, denkend, sprechend und handelnd neue Welten auf. Er macht sich Werkzeuge für und gegen die Natur und Werkzeuge für die Werkzeuge und Maschinen, um jene Werkzeuge zu steuern, die Werkzeuge steuern.

1.3.2 Die Ungewißheit des Menschen

Voraussetzung dafür waren geistige Vorentwürfe, gleichsam innere Modelle davon, wie er seine Welt gestalten und umgestalten wollte. Er benötigt solche Modelle auch heute noch, und er wird sie immer benutzen und benötigen.

Problemstellung

Das ist der Fluch und Segen des ZNS. Dieser Speicher- und Steuergigant zwingt den Menschen (durch ,,Neugier" und ,,Wissensdurst") zu ständig neuer Suche. Dieses Überschreiten (Transzendieren) von Grenzen führt ins Unbekannte. Nur scheinbar gewiß ist die Gegenwart. Sie ist immerhin erlebte Realität. Unbekannt ist die weitere Vergangenheit. Völlig im dunkeln liegt die Zukunft. Wie bewältigt der Mensch diese Ungewißheit? Er entwirft Modelle, die ihm sagen, wie seine Gegenwart geworden ist, und durch welche Kräfte, Mächte und Gesetze sie bestimmt wird. Und er entwirft Modelle für die Zukunft, Prognosemodelle, mit deren Hilfe er ganz allgemein voraussagt, wie und was konkret eintreten wird.

Auswertung

Die Grenzen alltäglicher Voraussagen beklagt der faule Schüler Fritz bei Wilhelm BUSCH:

,,Ach, daß der Mensch so häufig irrt, und nie recht weiß, was kommen wird!"

Zu Recht, wie sich zeigte, denn sein „Prognosemodell" versagte kläglich. Die Bücher, die er sich gegen die vermuteten Prügel unter die Jacke gebunden hatte, saßen zu hoch.

Der Volksmund hingegen verspottet die menschliche Schwäche, aus jeder Banalität Weissagungen für die Zukunft lesen zu wollen:

„Wenn der Hahn kräht auf dem Mist, ändert sich das Wetter — oder bleibt, wie's ist!"

1.3.3 Maßnahmen gegen die Ungewißheit

Problemstellung

Die Geschichte der Menschheit ist auch eine Geschichte der Maßnahmen gegen die Ungewißheit. Dabei hat sich keinesfalls mit steigendem Wissen die Ungewißheit verringert, sie hat sich verlagert.

Auswertung

In der *Vorzeit* wußten die Menschen kaum etwas von Naturgesetzen, von der Erdanziehung, von Hoch- und Tiefdruck, von Reibungswiderständen. Sie dachten sich deshalb die ganze übrige Natur, ihre Umwelt, wie sich selbst beseelt *(Animismus)* oder von guten und bösen Geistern beherrscht *(Magie).* Was ihnen nützte, war gut, was sie daran hinderte, ihre Absichten zu erfüllen, oder ihnen gar schadete, war böse.

Sie entwickelten Formen, diese Mächte zu beeinflussen. Wir nennen diese Formen **Rituale.** Das sind recht starre Verhaltensprogramme, deren Wirksamkeit insbesondere davon abhängt, daß sie identisch wiederholt werden. Angeblich forderten das die „Dämonen" oder „Götter", und es versöhnte sie. In Wahrheit aber vermitteln Rituale dem Ausübenden eine subjektive Sicherheit, die sich auf Gegenwart und Zukunft übertragen soll.

Ursprünglich glaubte man, wie z. B. der englische Ethnologe E. B. TYLOR (um 1867), diese Formen der Modellbildung seien Stufen einer geschlossenen (evolutionären) Stufenleiter. Auf den Geisterglauben sei der Götterglaube *(Pantheismus),* auf diesen der Glaube an einzelne Gottheiten (Monotheismus) gefolgt. Wir können aber selbst in unserer *Gegenwart* Schattierungen solcher Denkformen beobachten: Wahrsagen aus Sternbild und Hand, die Verehrung von Gurus in Sekten, magisches Denken selbst und gerade im Leistungssport.

Auch der Spitzensportler neigt in der Grenzsituation zwischen geplanter Vorbereitung und ungewissem Ausgang des Wettkampfes zu magischen Formen und Ritualen. Die Sicherheit ihres Ablaufes gewährt ihm eine begrenzte Selbstgewißheit.

Offenbar haben die Entwürfe der Vorzeit und Antike immer auch etwas mit dem zu tun, was im Menschen vor sich geht. So werden die Helden und Götter des griechischen Mythos als Projektionen innerseelischer Kräfte gedeutet, die stellvertretend für den Menschen Schuld auf sich laden und sühnen oder Probleme lösen. Der Götterhimmel ordnet innerseelische und zwischenmenschliche Beziehungen. Hier wird auch erklärt, woher der Mensch kommt und wohin er geht. Alles erhält einen zeitlichen Anfang (erst Chaos, dann Gaia, die Mutter Erde), seinen Fortgang (z. B. in der Geschlechterreihe der Götter, Halbgötter, Menschen) und ein irdisches Ende (als physischer Tod mit nachfolgendem Aufenthalt im Hades).

Diese zeitliche Ordnung des Lebens wird bestimmt durch die Ordnung der Mächte. Es gibt einen mächtigsten Gott und viele immer weniger mächtige Götter. Solche Modelle der zeitlichen Folge und Über- und Unterordnung, also hierarchisch-sequentielle Modelle, finden sich im Christentum, in politischen Vorstellungen, schließlich auch im Sport. Es gibt Führungshierarchien in Sportgruppen; selbst eine sportliche Handlung wird hierarchisch-sequentiell gesteuert, denn jede sportliche Handlung ist eine zeitlich geordnete Folge von Teilhandlungen, die von über- und untergeordneten Steuereinrichtungen auf ein Ziel hin gelenkt wird.

Diese wissenschaftliche Einsicht steht am Ende eines Weges aus der Welt der Religion und der Götter in die Welt der Wissenschaft! Man hat diesen Weg mit der Formel umschrieben: **Vom Mythos zum Logos.**

1.4 Wissenschaftliche Modelle

Wissenschaft setzt an die Stelle des Glaubens an sinnvolle „höhere" Lenkung des undurchschaubaren Lebensgewoges den Glauben, Sicherheit durch Wissen zu erlangen. So sagt CARL DUISBERG:

„An die Stelle des Zufallserfolges soll die wissenschaftliche Sicherheit treten."

Fragestellung Wissenschaftliche Modelle bilden dafür die Voraussetzung. Was aber ist ein Modell?

Auswertung Betrachten wir noch einmal unsere beiden Trainertypen, den Perfektionisten und den Chaoten.

Sie dienen uns zur **Veranschaulichung** von zwei Verhaltensweisen, die „irgendwie" in jedem Menschen, somit auch im Trainer, vorhanden sind. Es wäre taktlos und unklug zugleich, zwei wirklich lebende Trainer, also „Originale" auszuwählen. Wir müßten aus der Fülle ihrer Eigenschaften und Verhaltensweisen mühsam die eine Grundstruktur herausschälen, um die es uns geht. Statt dessen vereinfachen wir, wie ein Karikaturist es tut. Die beiden Trainertypen dienen uns zur **Demonstration** einer „Verhaltenskrankheit", die es so in Wirklichkeit nicht gibt.

1. Modell der Sportpraxis Beide Trainertypen praktizieren gewissermaßen Modelle, der Perfektionist das eines „Wissenschaftlers", der Chaot das eines „Lebenspraktikers". Der Perfektionist überprüft fortgesetzt seine Annahme, daß der sportliche Erfolg voraussagbar, somit „machbar" sei. Er sucht nach einem **Prognosemodell,** das Ungewißheit in Sicherheit verwandelt, und letztlich Entscheiden und Handeln überflüssig macht.

2. Modell der Sportpraxis Der andere praktiziert den Laisse-faire-Standpunkt. Er geht von der Annahme aus, daß die Furcht vor dem Ungewissen nur dadurch zu bannen sei, daß man sich der Ungewißheit überläßt. So hofft er zur höchsten Gewißheit zu kommen: Alles sei Zufall. Wir können diese Form ganz allgemein **Experimentalmodelle** nennen, die dazu dienen, mit der sportlichen Wirklichkeit zu „experimentieren" und eine Weltanschauung (Überzeugung, Ansicht) zu „beweisen". Das aber kann in dieser extremen Form naturgemäß nicht gelingen.

Für den Sport besonders wichtig sind Modelle, mit deren Hilfe die gemeinte Wirklichkeit nachgebildet und die eigentlichen Entscheidungsprozesse ohne Risiko durchgespielt, also simuliert werden.

3. Modell der Sportpraxis

Solches **operative Modell** glaubt der Perfektionist in der Anordnung seiner Hilfsmittel und Informationen gefunden zu haben. Er operiert mit ihnen so, als handele er wirklich. Auch die rituellen Formen im Aufwärmprogramm und in der Beschwörung von Mannschaften wollen im Vorgriff zeigen, wie der Wettkampf „wirklich" verlaufen soll. Letztlich ist in diesem Sinne jedes Training ein dem Wettkampf-Original ähnliches (analoges) Voraus-Modell.

Die Modelle 1—3 waren Modelle des praktischen Handelns. Daneben gibt es aber auch andere.

Weitgehend fremd sind der Sportpraxis solche **theoretischen Modelle,** die allgemeine Einsichten und Erkenntnisse, auch fächerübergreifende Zusammenhänge in überzeugender Weise (= widerspruchsfrei, knapp, auch anschaulich) darstellen. Diese Modelle sind insbesondere Gegenstand des Studienbriefes 3. Und diese Modelle gerade sind es, vor denen es den Sportpraktikern graust.

Theoretische Modelle

Der Sportpraktiker kennt oftmals nur die Sportpraxis des Athleten und Trainers. Und diese Praxis wird von der Intuition, nicht aber von irgendeinem abstrakten Modell geleitet.

These 1

Ferner:

Aus der Sicht des Sportpraktikers erscheint alles Theoretisieren und Spekulieren über Zusammenhänge zwischen sportlicher Praxis und wissenschaftlichen Modellen als wirklichkeitsfremd und abstrakt, störend und überflüssig.

These 2

Denn:

Wissenschaftliche Modelle vernachlässigen den Einzelfall, leiten aus konkretem Handeln überzeitliche Regeln ab, ersetzen Handeln durch Denken.

These 3

Gegen diese Argumente läßt sich einiges einwenden:

Gegenthese 1 Handeln als Trainer setzt voraus, daß Zusammenhänge zwischen dem eigenen Handeln und dem der Athleten erkannt werden.

Ferner:

Gegenthese 2 Wissenschaftliche Modelle setzen fort, was die Modelle der Sportpraxis begonnen haben:
— sie bilden ein Original ab,
— sie lassen dabei einige Merkmale des Originals weg,
— sie fügen andere Merkmale hinzu.

Wir wollen diesen Vorgang mit Hilfe einer einfachen Abbildung veranschaulichen.

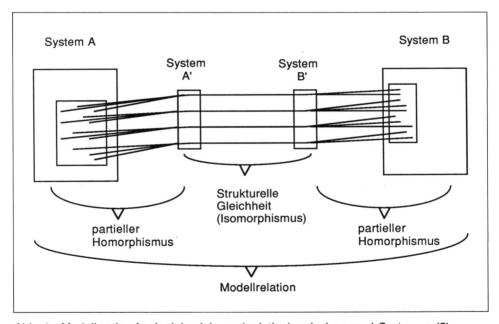

Abb. 1 Modell- oder Analogiebeziehung (-relation) zwischen zwei Systemen (2)

Erläuterung Zwischen einem System A und einem System B bestehe eine Modellbeziehung. Wir können uns nun zwei abgeleitete (Hilfssysteme) A' und B' denken, zwischen denen strukturelle Gleichheit (Isomorphismus) besteht, d. h. die Beziehungen zwischen A' und B' sind sowohl eindeutig als auch umkehrbar; was für A', das gilt auch für B'.

Anders ist die Beziehung zwischen A und A' sowie zwischen B und B'. Deren Beziehungen sind zwar auch eindeutig, aber nicht umkehrbar. Beim Übergang von A zu A' (B zu B') werden Merkmale (Elemente, Beziehungen) verlorengehen. Ferner kann ein Merkmal von A' (oder B') mehrere Merkmale von A (oder B) zusammenfassen, so daß nicht unmittelbar von einem Merkmal A' (oder B') auf ein besonderes Merkmal A (oder B) rückgeschlossen werden kann. Die Hilfssysteme A' oder B' bilden somit nicht nur ausgewählte Einzelobjekte sondern auch Objektgruppen (sogenannte Klassen) ab. Diese Beziehung wird als partieller Homomorphismus bezeichnet (3).

Wir wollen diese etwas abstrakten Überlegungen auf die Trainings-Wettkampf-Beziehung übertragen.

1.5 Training als Modell des Wettkampfes

Zwischen Wettkampf und Training besteht eine Modellrelation im Sinne von *Abbildung 1*.

Problemstellung

Einerseits stimmt der Wettkampf (System A) in entscheidenden Merkmalen mit einem Training (System B) überein. Andererseits kommen im Wettkampf Merkmale hinzu, die vom Training vernachlässigt werden, oder bestimmte Merkmale des Trainings haben keine Bedeutung für den Wettkampf.

Auswertung

Jeder Trainer entwickelt deshalb stets — wenngleich oftmals intuitiv — eine Art reduziertes Abbild (Hilfssystem) von Wettkampf (A'), das einem Abbild des Trainings (B') so entspricht, daß alle wesentlichen Merkmale und Beziehungen umkehrbar eindeutig vorhanden sind (Isomorphismus). Wir sprechen hier vom sogenannten Standardprogramm, in dem Phasen (z. B. Aufwärmen, Belasten) und Inhalte (z. B. Bewegungsgrundmuster, taktische Stereotype) in standardisierter Form wiederholt, stabilisiert und angefordert werden.

Dieses Standardprogramm stellt aber deshalb nur bedingt eine optimale Vorbereitung auf den Wettkampf dar, weil es einzelne **Merkmale auswählt,** andere zusammenfaßt, viele Merkmale sogar gänzlich vernachlässigen muß. Es fehlt z. B. die Zuschauerkulisse; sie wird allenfalls durch Tonaufnahmen simuliert. Es fehlt ein Teil der Wettkampfrituale; sie sind überflüssig und nutzen sich ab. Es fehlt der echte Wettkampfgegner; er würde die Wettkampftaktik durchschauen.

Zugleich werden neue **Merkmale hinzugefügt,** Merkmale, von denen der Trainer sich — auf Grund struktureller Ähnlichkeit — einen positiven Einfluß (Transfer) auf ein entsprechendes Wettkampfverhalten verspricht. Das Trainingsprogramm ist, bezogen auf den einzelnen Wettkampf, zeitlich umfangreicher (extensiver), es sollte auch höhere, kontrollierbare Belastungen erfordern (Intensität), um den schwer kontrollierbaren Anforderungen des Wettkampfes besser gewachsen zu sein. Es werden schließlich sogar Formen gewählt, die mit Sicherheit im Wettkampf nicht auftreten: Volleyball im Fußballtraining, Hantelarbeit im Rudertraining, Basketball bei Leichtathleten, Circuit bei Eisschnelläufern.

Das Trainings-Standardprogramm (B') ist hinsichtlich des gesamten Trainingsprogrammes (B) eindeutig, wenn beide in ihren Merkmalen (und Merkmalsgruppen) übereinstimmen, aber es ist nicht reversibel (= partieller Homomorphismus). Das besagt z. B., daß mit einer Merkmalsausprägung im Standardprogramm (z. B. ,,Konditionstraining am/im Gerät") nicht sämtliche notwendigen Merkmalsausprägungen erfaßt werden.

Hinsichtlich des *praktischen Zwecks* kann das Training auf Grund der Modellrelation als Experimental-Modell dienen, wenn an ihm eine mögliche Wettkampf-Wirklichkeit (analog) durchgespielt, es kann Operativ-Modell werden, wenn die reale Zielsituation eines Wettkampfes ohne Risiken des Scheiterns erprobt wird.

Hinweis
⟶
Die im folgenden dargestellten theoretischen Modelle wurden in außersportlichen Bereichen entwickelt. Sie sollen so auf den Sport übertragen werden, daß Zusammenhänge zwischen Einzelobjekten und Erscheinungen sowie zwischen deren Beziehungen beschreibbar und erklärbar werden.

1.6 Lernkontrollen

Wir wollen an dieser Stelle drei Anstöße zur Orientierung bzw. zur Lernkontrolle geben, und zwar hinsichtlich der in Studienbrief 3 diskutierten wissenschaftlichen Modelle, zur Einschätzung des Leistungssports und magischer Praktiken.

Einige Voraussetzungen und Grundlagen für diesen Studienbrief

Aufgabe 1

1. Wissenschaftliche Modelle zählen:
— zum ergänzenden Curriculum   ja   nein
— zum verbindenden Curriculum   ja   nein
— zum sportartspezifischen Curriculum ja   nein

Aufgabe 2

2. Wissenschaftliche Modelle dienen:
— zur Vermittlung von fachspezifischen
  Kenntnissen   ja   nein
— zur Vermittlung von Einsicht in
  Zusammenhänge   ja   nein
— als konkrete Lösungshilfen für
  praktische Probleme   ja   nein
— als Lernhilfen für andere Studienbriefe ja   nein

Aufgabe 3

3. Wer im Leistungssport tätig sein (werden) will, muß:
— diesen uneingeschränkt befürworten   ja   nein
— eine eigene Position zu diesem beziehen ja   nein
— ihn begründen und rechtfertigen können   ja   nein
— ihn wie jedes andere Berufsfeld
  betrachten   ja   nein

Einige Voraussetzungen und Grundlagen für diesen Studienbrief

Aufgabe 4

> 4. Bitte nehmen Sie zu nachfolgendem Text Stellung. Lesen Sie gegebenenfalls noch einmal bei 1.3.3 und 1.3.4 nach. Hat der Autor Ihrer Meinung nach Recht? Welchen Modellbegriff verwendet er? Was folgern Sie aus diesen Überlegungen für Ihre sportliche Praxis?

Magische Praktiken beim Fußballsport

Ein Spieler der obersten Spielklasse: „Wenn unsere Mannschaft ein Spiel gewonnen hat, dann fällt es mir schwer, meine Schuhe zu putzen. Vielleicht wasche ich den nächsten Sieg ab und schmiere mein Schußglück zu." Ein anderer äußert vor Spielbeginn: „Heute klappt es, auf Anhieb habe ich sechs Kopfbälle geschafft." Ein Nationalspieler: „Wenn es nach mir ginge, würde ich in jedem Spiel die Kleidung tragen, mit der ich in der Vergangenheit die größten sportlichen Erfolge erzielt habe. Schon wenn die Hemden gewaschen werden, verlieren sie den Glanz unseres Sieges." Diese animistischen Denkmodelle sind nicht nur bei einzelnen Spielern anzutreffen ...

Allen diesen Äußerungen liegt die Vorstellung zugrunde, daß eine allmächtige übermenschliche Instanz den Sieg zu bescheren vermag, der gegenüber es sinnlos ist, sich als autonomes Wesen zu verhalten. Zugleich setzt diese Vorstellung eines Schicksals mit quasi persönlicher Individualität die Furcht vor bestimmten Problemen herab, wenn man die Entschlüsse dieser Instanz nur rechtzeitig an bestimmten Konstellationen der Realität abzulesen vermag oder sie gar durch bestimmte Maßnahmen beeinflussen kann (4).

2. Das Person-Umwelt-Modell

Einführung Sport ist ein besonderes **Handlungsfeld,** innerhalb dessen Vorgänge zwischen Sportlern und zwischen Sportler und Natur ablaufen. Alle Größen dieses Handlungsfeldes sind aufeinander bezogen und beeinflussen sich demzufolge wechselseitig. Diese Erkenntnis veranschaulicht das **Person-Umwelt-Modell:**

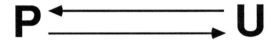

Abb. 2 Wechselbeziehung zwischen Person und Umwelt

2.1 Grundschema der Person-Umwelt-Beziehung

Versteht man die beiden Größen P (Person) und U (Umwelt) immer zugleich auch als selbständige, abgrenzbare Größen, so ergibt sich folgendes Grundschema (Blockschema):

Modell

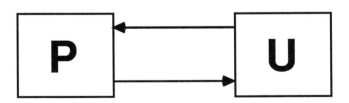

Abb. 3 Blockschema der Wechselbeziehung zwischen Person und Umwelt

Das Blockschema (auch: Blockschaltbild genannt) entstammt ursprünglich der Elektrotechnik. Es wurde von dort auch auf „natürliche" Systeme übertragen aufgrund der Einsicht, daß zwischen technischen und natürlichen komplexen Systemen Ähnlichkeiten (Analogien) bestehen. Das vielleicht wichtigste Blockschema ist der kybernetische Regelkreis, der im nächsten Kapitel behandelt werden soll.

Was besagt das Blockschema? In der hier vorliegenden einfachsten Form ist es die graphische Darstellung der Beziehung zwischen zwei Größen. Die **Größen** werden als Kreise, Rechtecke, Quadrate usw. (= Blöcke) gezeichnet. Diese Blöcke ebnen die Unterschiede zwischen den Elementen zunächst ein; das Element Person und das Element Umwelt erhalten das gleiche graphische Erscheinungsbild.

Die Elemente P und U sind Teile eines beide Elemente umfassenden Systems. Dieses **Gesamtsystem** besteht aus Elementen und den Beziehungen zwischen den Elementen. Die **Beziehung** (Relationen) werden als Pfeile dargestellt, deren Richtung die Wirkungsrichtung der Beziehung angibt. Zwischen P und U gibt es somit zwei gegenläufige Beziehungen. Wir bezeichnen diese Beziehung als **Wechselbeziehung.** Sie besagt, daß das Element P das Element U und das Element U seinerseits das Element P „beeinflußt".

Das Blockbild vereinheitlicht („schematisiert") auch die Beziehungen zwischen den Elementen. Im vorliegenden Fall reduziert es die vielfältige (komplexe) Beziehung zwischen P und U auf zwei Relationen. Damit erhalten wir zunächst eine sehr einfache **Struktur.** Denn Struktur bezeichnet die Menge der Beziehungen, die die Elemente eines Systems verbinden.

Wir wollen nun schrittweise die Schematisierung des Blockbildes auflösen. Dazu müssen wir einerseits die Blöcke P und U, andererseits deren Beziehungen genauer betrachten. Als erstes müssen wir den Begriff des Elementes aufgeben. Elemente sind nicht weiter zerlegbare Einheiten eines Systems (vgl. chemische Elemente). Die Blöcke P und U können — insbesondere im Sport — ihrerseits wieder komplexe Systeme sein, deren Teile vielfältige Beziehungen untereinander haben.

Person, das kann sein ein einzelner Sportler oder ein Paar, eine Gruppe und Mannschaft, deren Mitglieder sich wechselseitig beeinflussen. **Umwelt** im Sport kann jede Form der unbelebten Natur sein, mit der sich Sportler auseinandersetzen, also Luft (für den Segelsportler), Wasser (für Schwimmer und Ruderer), Schnee und Eis (für Ski- und Eisläufer). Zur Umwelt des Sportlers gehört auch die belebte Natur, z. B. das Pferd im Reitsport. Umwelt sind aber auch die Gesellschaft und das gesamte kulturelle und soziale Umfeld, das ihn beeinflußt: Familie, Siedlung, Schule, Beruf, Verein, Mannschaftskameraden.

Erläuterung

Die Teile P und U dieses Systems sind somit keineswegs, wie es die graphische Form des Kastens nahelegt, in sich geschlossen, sie sind vielmehr offen füreinander; und da sie unterschiedlichsten Einflüssen ausgesetzt, sind sie auch veränderbar, also dynamisch. P und U beantworten einen Einfluß nicht „mechanisch", sondern antworten oftmals unterschiedlich auf den gleichen Einfluß und auf unterschiedliche Einflüsse in gleicher Weise. Oder sie antworten überhaupt nicht. Sie können das nur, weil sie **selbstregulierende** Systemteile sind, also Einflüsse selbständig verarbeiten.

Wir folgen:

1. Grundsatz

> *Jeder Sportler hat eine vielfältige, natürliche und soziale Umwelt, und er ist selber immer auch Umwelt für andere.*

Das gilt naturgemäß auch für den Trainer. Die Wechselbeziehung zwischen Sportler und Umwelt wird Rückkopplung (amerik.: **„Feedback")** genannt. Sie ist am deutlichsten zwischen Personen zu beobachten. Denn stets wirken Menschen (als Mitglieder eines gemeinsamen Handlungsfeldes) aufeinander ein.

2. Grundsatz

> *Zwischen Trainer und Athleten besteht eine fortgesetzte Wechselbeziehung, was immer sie auch tun und unabhängig davon, ob diese Beziehung ihnen bewußt wird.*

2.2 Gruppen als Systeme im Sport

Problemstellung

Ein System besteht aus einer (bestimmbaren) Menge von Elementen und einer (bestimmbaren) Menge von Beziehungen zwischen den Elementen. Personale Systeme sind grundsätzlich offene Systeme, auch wenn sie sich noch so „verschlossen" geben.

Das Person-Umwelt-Modell

Personale Systeme im Sport lassen sich gemäß ihrer Komplexität und Kompliziertheit unterscheiden. **Komplexität** bezeichnet dabei die Art und Zahl der Beziehungen zwischen den Elementen. **Kompliziert** ist ein System, wenn es mehrere unterschiedliche Elemente umfaßt. Wir dürfen vermuten, daß mit zunehmender Zahl der Individuen beides zunimmt, die Komplexität (= Beziehungen untereinander) und Kompliziertheit (= Besonderheit der Individualität).

Auswertung

Wir sprechen dann von Sportgruppen oder Sportmannschaften. Hier bestehen sowohl zwischen den Gruppen als auch zwischen den Gruppenmitgliedern Wechselbeziehungen. Beim **Doppel im Tennis** beeinflussen sich die Paare durch ihr Spielverhalten gegenseitig. Zur gleichen Zeit bestimmen die Partner des Doppels ihr Verhalten, sei es durch Spielabsprachen, sei es durch ihre persönlichen Beziehungen.

Beispiel

1. Modell

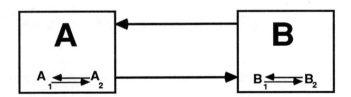

Abb. 4 Modell des Doppels im Tennis mit Feedbackbeziehungen zwischen den Paaren (A, B) und innerhalb der Paare (A_1, A_2 bzw. B_1, B_2)

Dieses Modell läßt sich auch auf umfassendere (komplexere) Gebilde anwenden, z. B. auf Sportspielmannschaften und auf den Sportverein.

Sportspielmannschaften bestehen aus Spielern, gruppieren sich zu Teilgruppen und bilden zusammen mit dem Trainer (Coach) im weitesten Sinne ein Kooperativ (Team), das zusammenspielt (kooperiert). Die gegnerischen Mannschaften bilden zusammen mit den Schiedsrichtern und den Zuschauern das Handlungsfeld des Sportspiel-Wettkampfes.

Beispiel

2. Modell

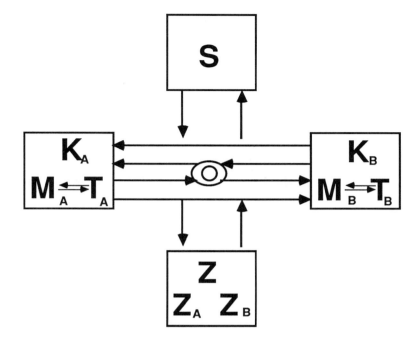

Abb. 5 Modell der Wettspielsituation zwischen den Kooperativen K_A, bestehend aus Mannschaft M_A und Trainer T_A, und K_B ($M_B + T_B$), ihren direkten und über das Objekt Ball (O) laufenden Wechselbeziehungen untereinander sowie den Einflüssen der Schiedsrichter (S) und Zuschauer (Z) mit den Anhängern von K_A (Z_A) und K_B (Z_B)

Wir folgern aus dem Modell:

Grundsatz

Jedes Teilsystem dieses Wettkampfsystems tritt mit jedem anderen in Beziehung. Der Wettkampf schafft ein Netzwerk von Beziehungen.

Beispiel Ähnliches läßt sich auch für den Sportverein und seine Gliederung sagen. Präsidium, Abteilungsvorstände und Abteilungen stehen allerdings in einer zwar längerfristigen, jedoch oft sehr losen Wechselbeziehung. Nur der wirklich moderne Verein sichert jene Durchlässigkeit zwischen den Abteilungen (und

Sporttätigkeiten), die eine Isolierung verhindert und die notwendige Wechselbeziehung bewahrt.

Zum Problem der Gruppe und des Vereins vgl. Studienbriefe 5, 11 und 12, sowie H. GABLER u. a.: Praxis Psychologie, bes. Kap. 7.

Querverweis

2.3 Die Verarbeitung von Umwelteinflüssen

Selbst ein Stein oder eine Pflanze, ein Tier, eine Maschine haben „ihre" Umwelt. Auch sie verarbeiten Einflüsse, die von außen auf sie einwirken. Ein Stein rollt, wenn eine Außenkraft seine Massenträgheit überwindet. Er erwärmt sich bei Sonneneinstrahlung. Er verhält sich zu seiner Umwelt gesetzmäßig.

Einführung

Das gilt im Rahmen biologischer Gesetze auch für die Pflanze. Hier laufen aber bereits kompliziertere Verarbeitungsprozesse ab. Die Sonneneinstrahlung führt nicht nur zur Erwärmung. Ein Teil der Strahlen dringt in die Blätter ein und bewirkt die sogenannte Photosynthese. Dabei werden über das Blattgrün (Chlorophyll) anorganische Stoffe in körpereigene Substanzen verwandelt. Energie führt hier zu komplizierten Umformungsprozessen.

Die Ortsunabhängigkeit des Tieres bedingt eine nächst komplexere Verarbeitungsweise. Feinde müssen rechtzeitig von Beutetieren unterschieden, Gefahren erkannt, Schutzräume gefunden werden. Wir sagen, das Tier *lernt* im Rahmen der ihm vorgegebenen (ererbten) Instinkte. Es nimmt Reize auf, speichert sie zu Erfahrungen und reagiert auf eine Situation.

Ähnlich ist die Verarbeitungsweise des Menschen. Auch er nimmt Reize auf, speichert die Wahrnehmungen und beantwortet die Reize. Allerdings ist er frei von Instinktgrenzen; er kann statt dessen beinahe unbegrenzt lernen, z. B. feindliche Umwelten aufzusuchen und zu bewältigen. Der Sport ist dafür ein überzeugendes Beispiel.

Die Grundstruktur der Verarbeitung von Umwelteinflüssen läßt sich beschreiben als ein Dreischritt:

Problemstellung

1. Aufnahme
2. Speicherung/Abruf
3. Vollzug

Auswertung

1. Modell

Das System Person hat demnach folgende Struktur:

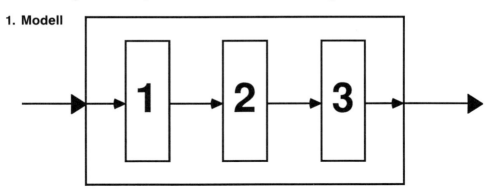

Abb. 6 Modell des Umweltreize verarbeitenden Systems Mensch mit den drei Teilstrukturen: 1 Aufnahme, 2 Speicherung, 3 Vollzug

Man bezeichnet die Umwelteinflüsse allgemein als *Input* („Eingabe"), das wahrnehmbare Verhalten (Handeln, Reaktion) hingegen als *Output* („Ausgabe"). Dieses Verhalten wird nicht nur von der sozialen Umwelt, sondern immer auch vom Handelnden selber wahrgenommen. Der Kugelstoßer sieht z. B. die Einschlagstelle der Kugel und verändert daraufhin den nächsten Stoß.

Daraus folgt der Zusammenhang zwischen Verarbeitung von Reizen und der Rückmeldung, dem sogenannten *externen Feedback,* zum Input.

2. Modell

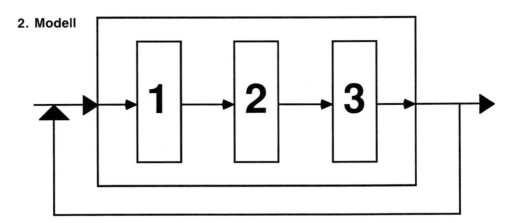

Abb. 7 Modell des Umweltreize verarbeitenden Systems Mensch mit dem externen Feedback

2.4 Verarbeitung äußerer und innerer Reize

Problemstellung

Die menschliche Verarbeitungsleistung wird erst so recht deutlich, wenn wir die Vorgänge im System selbst näher betrachten. Der Kugelstoßer nimmt nicht einfach nur den Aufschlagpunkt der Kugel wahr. Er vergleicht ihn vielmehr mit dem, den er sich „vorgenommen" hatte. Er vergleicht letztlich den gesamten vollzogenen mit dem geplanten Bewegungsablauf. Denn er hat ein Bild, ein inneres Modell des Stoßes in sich, das sagt, wie jeder Stoß werden sollte. Bevor er handelt, denkt er nach, macht er einen Vorentwurf. Und er prüft diesen Vorentwurf, bevor er wirklich handelt. Wir wollen diesen Vorgang *interner Feedback* nennen.

Auswertung

Von wo wird zurückgemeldet? Bei einer beabsichtigten sportlichen Bewegungshandlung wie dem Kugelstoß gibt es zwei Möglichkeiten der Rückmeldung:

1. Der Kugelstoßer ruft nur das innere „Bild" der Bewegung ab; hier erfolgt die Rückmeldung noch innerhalb des ZNS.
2. Der Kugelstoßer antizipiert so den gesamten Vorgang, daß er ihn gleichsam „in den Muskeln spürt"; dann erfolgt die Rückmeldung von den Effektoren (Muskeln) her, aber noch innerhalb des Systems.

Und *wohin* wird zurückgemeldet? Dorthin, wo das Bild (Abbild, Modell) gespeichert ist, ins ZNS. *Abbildung 8* veranschaulicht die Zusammenhänge zwischen externem und internem Feedback.

Erläuterung

Die interne Rückmeldung besagt, daß die geplante Bewegung überprüft, d. h. mit dem Grundmuster verglichen wird. Die Bewegung „soll" nämlich so werden wie dieses Grundmuster. Deshalb nennt man das eigentliche Original den *Sollwert,* mit dem der neue (aktuelle) Entwurf, der *Istwert,* verglichen wird.

Dieser *Istwert-Sollwert-Vergleich* bedeutet mehr als nur Speicherung und Abruf von Informationen. Es sind dazu Vergleichs- und Auswahloperationen notwendig. Man nennt diesen Bereich im ZNS deshalb auch umfassender den *Operator.* Im Operator werden Informationen über die Umwelt gespeichert, umgeformt, abgerufen, mit einem Handlungsziel verglichen usw. Es ist ganz allgemein der Bereich des Denkens.

Das Person-Umwelt-Modell

1. Modell

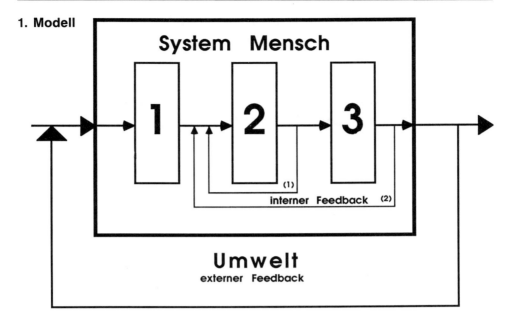

Abb. 8   Blockbild des Systems Mensch mit externem und internem Feedback. Dabei bezeichnet 1 den Abruf des „Bewegungsbildes"; 2 die Rückmeldung aus der Muskulatur

Denkoperationen sind zielgerichtet; sie verfolgen eine Absicht. Der Bereich, in dem die Motive zur Bewegungshandlung aufgebaut und die Ziele festgelegt werden, heißt **Motivator.** Unter seinem Einfluß wird bereits die Reizaufnahme gefiltert, wird der Operator angeregt, ein Grundmuster (Modell) zu entwerfen und die Handlung vorwegzunehmen (zu antizipieren). Der Motivator hält die Aktivität so lange in Gang, bis der innere oder äußere Anlaß dazu beseitigt, also das Handlungsziel erreicht ist.

Diesen schon recht komplexen, aber gemessen an den wirklichen Vorgängen vereinfachten Prozeß, stellt *Abbildung 9* dar.

Dabei bedeuten:

2. Modell
- 1 Perzeptor: Aufnehmende Einheit (lat. percipere „in sich aufnehmen, wahrnehmen").
- 2 Motivator: Begründende Einheit (zu lat. movere „bewegen, verursachen").

3 Operator: Verarbeitende Einheit (lat. operari „beschäftigt sein, verfertigen").

4 Effektor: Bewirkende Einheit (lat. efficere „bewirken, vollenden").

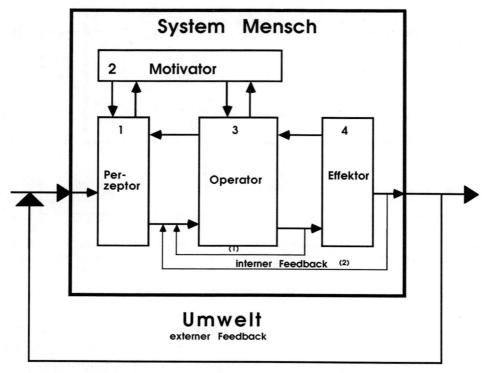

Abb. 9 Blockbild (Blockdiagramm) des Systems Mensch mit den Bereichen (Funktionseinheiten) 1 Perzeptor, 2 Motivator, 3 Operator, 4 Effektor, dem externen Feedback (Umwelt), dem internen Feedback und den Wechselbeziehungen zwischen den vier Funktionseinheiten.

Der *Abbildung 9* liegt die Annahme zugrunde, daß alle vier Funktionseinheiten miteinander verbunden sind. Die Einheiten werden, wie Person und Umwelt, ihrerseits als Teilsysteme betrachtet, die sich wechselseitig beeinflussen. Im Unterschied zum System P sind diese Teilsysteme nicht selbstregulierend (autonom). Sie besitzen kein eigenes Bewußtsein.   **Erläuterung**

Die Wechselbeziehung zwischen P und U und die Vorgänge im handelnden System P lassen sich mit folgenden Teilschritten beschreiben: **Zusammenfassung**

Das System Mensch nimmt Umweltreize auf 1 , baut sich aus solchen, aber auch aus inneren Reizen Grundmuster (Modelle) auf 2 , wird durch äußere oder systeminnere Zustände (Reize) zu einer Handlung veranlaßt 3 , entwirft eine vorläufige Antwort 4 , überprüft diese Antwort auf ihre Übereinstimmung mit dem entsprechenden Modell 5 , wird bei Übereinstimmung aktiv und handelt 6 , überprüft die Wirkung der Handlung auf die Umwelt an der Handlungsabsicht 7 und beendet seine Aktivität, wenn es den inneren oder äußeren Anlaß zur Handlung beseitigt hat.

Wir können diesen Vorgang im Sport verstehen als Aufbau und Ablauf einer sportlichen Bewegungshandlung.

2.5 Die Perspektive des Trainers

Fragestellung   Wie aber sieht der Trainer die Bewegungshandlung des Sportlers? Vielleicht müßten wir fragen: Was sieht der Trainer überhaupt?

Auswertung   Betrachten wir den Sportler als Block, so sieht der Trainer den Input und den Output.

1. Aspekt   Ein Beispiel: Ein Ball rollt auf einen Spieler zu (Input) — der Spieler tritt den Ball / der Ball rollt zurück (Output). Wir nennen das die Sichtweise eines *externen Beobachters.*

Abbildung 10 stellt dessen Perspektive mit Hilfe eines Sektors dar.

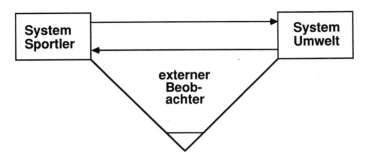

Abb. 10   *Die Input-Output-Perspektive eines externen Beobachters*

Mehr vermag der Trainer nicht zu *sehen.*

Er *weiß* aber „aus Erfahrung", daß Sportler sich in vergleichbaren Situationen auch unterschiedlich und in unterschiedlichen Situationen sehr ähnlich verhalten können. (So weiß er z. B. auch, daß Kinder sich oftmals vor einem Ball fürchten und vor ihm fliehen!)

2. Aspekt

Diese Vielfalt der Verhaltensweisen (Outputs) zwingt zu der Annahme, daß irgend etwas in dem System Sportler abläuft, das bei unterschiedlichen und gleichen Reizen (Inputs) ähnliches und abweichendes Verhalten und Handeln bewirkt. Es ist das die oben beschriebene interne Verarbeitung von externen und internen Reizen.

Um einen Sportler zu verstehen, d. h. um voraussagen zu können, wie ein Sportler handeln wird, muß der Trainer gleichsam in den Sportler hineinschauen. Wir nennen das die Sichtweise des internen Beobachters. Will der Trainer voraussagen, was auf den Spieler zukommen wird, dann muß er auch „in das System Umwelt" hineinschauen. Diese doppelte Inside-Perspektive veranschaulicht *Abbildung 11.*

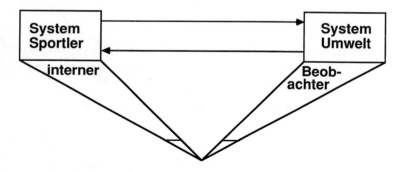

Abb. 11 *Die doppelte Inside-Perspektive des internen Beobachters*

Diese Inside-Perspektive bedarf eines anderen „Auges" als die der Input-Output-Perspektive. Der Trainer holt Informationen über den Sportler ein (durch den Sportler selbst oder durch andere) und macht sich ein Bild von seiner Persönlichkeit und seiner Beziehung zu Umwelt und zu Situationen. Wahrnehmung und Bild gehören zusammen.

Das Person-Umwelt-Modell

Merksatz

> **Ein Trainer ist externer und interner Beobachter zugleich, wenn er wahrnehmbare Ereignisse (Handlungen) und interne Verarbeitungsvorgänge bei den Sportlern aufeinander bezieht.**

2.6 Lernkontrollen

Wir haben das Person-Umwelt-Modell behandelt. Es dient zur Klärung der Grundbeziehung zwischen dem Sportler und seiner Umwelt. Wir wollen nun die Kenntnisse über dieses Modell kontrollieren.

Aufgabe 5

*Bei der nachfolgenden Abbildung **fehlen** einige **Bezeichnungen**. Bitte **setzen** Sie unten die fehlenden Bezeichnungen entsprechend der Numerierung **ein**!*

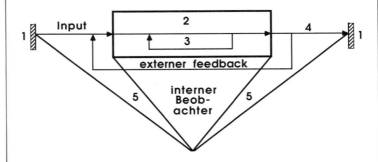

Abb. 12   Unvollständiges Modell der Person-Umwelt-Beziehung

1 =

2 =

3 =

4 =

5 =

Aufgabe 6

Im nachfolgenden Modell eines Informationen verarbeitenden Sportlers **fehlen** wichtige **Angaben**. Bitte kreuzen Sie die **zutreffendenen Bezeichnungen** an!

Es fehlt:
A das interne Feedback
B das externe Feedback
C der Perzeptor
D der Operator
E der Effektor

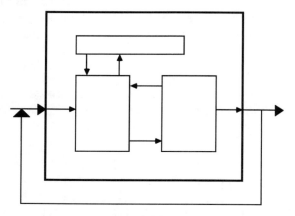

Abb. 13   Unvollständiges Modell des Systems Mensch

Aufgabe 7

Welche **Perspektive** haben die drei Trainer (A, B, C)? Versuchen Sie diese mit Hilfe eines Blockschemas zu verdeutlichen!

1. **Trainer A.** läßt Spiele beobachten, sammelt die Daten in Tabellen, ordnet die Tabellen in einer Kartei, benutzt diese während des Wettkampfes.

2. **Trainer B.** entdeckt auf einem Spaziergang, daß er mit seiner Mannschaft Training hat. Er leiht sich Sportschuhe, Trainingsanzug, Socken und spielt mit.

3. **Trainer C.** erörtert mit seinem Torwart, wie dieser einen Aufsetzer am besten abwehrt, und verstärkt (durch Lob) das richtige Stellungsspiel.

3. Das kybernetische Modell

Das vermutlich umfassendste Modell unserer wissenschaftlichen Gegenwart ist das der **Kybernetik**. Die einen feiern sie als „die Wissenschaft der Wissenschaften", insofern ihr Modell in allen Wissenschaften gilt. Die anderen nennen sie „Brücke zwischen den Wissenschaften", insofern sie Verständigung über die Fachgrenzen hinaus gestattet.

Die Kybernetik ist auch geeignet, sowohl *Erscheinungen des Sports* als auch ihre *Zusammenhänge* zu klären und zu erklären.

Querverweis Das leistet insbesondere Studienbrief 1.

Wir beginnen mit dem Kreismodell.

3.1 Das Kreismodell

Einführung Bereits in den ältesten Mythen und Religionen taucht neben dem hierarchisch-sequentiellen Modell (vgl. Kap. 1.3.3) immer auch das Kreismodell auf. Der Kreis, insbesondere in Gestalt der Kugel, gilt als die vollkommenste geometrische Form. Nirgends ist ein Anfang oder Ende. Jede Bewegung kehrt zu ihrem Ausgangspunkt zurück.

Runde Formen haben das größte Fassungsvermögen (Menschenschädel, Vogelnest), bieten den größten Schutz bei geringstem Risiko (Schutzkreis der Wildpferde gegen Angreifer, Wagenburg) und schaffen „Gleichheit" durch vergleichbare Entfernungen vom Mittelpunkt (Lagerfeuer, ritueller Tanz Eingeborener um ein Totem).

In *magischen* und *kultischen Zeremonien* und bei Beschwörungszauber hält der Kreis Uneingeweihte ab und holt den „Geist" in die Mitte.

Tiefenpsychologisch bedeutet der Kreis Rückwendung auf sich selbst (Introversion) mit der Möglichkeit der Selbstbesinnung und Selbstfindung, aber auch mit der Gefahr des Selbstverlustes, einer Gefahr, der zum Beispiel der schöne Narzissos im griechischen Mythos erliegt.

Im *Sport* finden sich alle Bedeutungen des Kreises wieder. Mannschaften bilden einen Kreis und stoßen ihren „Schlachtruf" aus; sie machen sich selbst Mut und jagen dem Gegner Schrecken ein. Sprungkreise im Basketball stellen die Chancengleichheit her. In der Leichtathletik hat die Kugel den Stein, der Stoßkreis die Abstoßlinie verdrängt. Magisches, Ethisches und Praktisches findet sich nebeneinander.

Der im Sport vielleicht wichtigste, wenngleich unsichtbare Kreis aber ist der **menschliche Kreislauf.** Seine späte Entdeckung durch den englischen Mediziner WILLIAM HARVEY (1928) macht deutlich, wo unser Handeln und Wissen zusammengehen, und wo sie sich unterscheiden. Die Menschheit konnte Jahrzehntausende ohne HARVEYs Wissen aufwachsen, jagen, fischen, feiern. Aber erst mit seinem Wissen können wir Umwelt-Vorgänge (z. B. Gefahr oder Streß) mit organischem Verhalten (Puls, Atmung) in Zusammenhang bringen, Normverhalten bestimmen, Abweichungen (rechtzeitig) erkennen und beide abhängigen Größen in Training und Wettkampf wechselseitig beeinflussen. Freilich auch mit dem Risiko des Mißbrauchs: Drogen.

Beispiel

Wir müssen den Kreislauf als *Modell* verstehen. In Wahrheit liegt keine Kreisform vor. Es wird vielmehr das eine beschreibende Merkmal „Rückkehr (des Blutes) zum Anfang" bestimmend. Der Blutkreislauf hat daneben noch eine Fülle anderer Merkmale: Gefäße und Blut, und Funktionen: Transport von Sauerstoff und Wirkstoffen, Abtransport von Abfallprodukten, Ausgleich des Wärmehaushalts usw.

Der Blutkreislauf ist ein Transportsystem, bei dem das Transportmittel Blut immer wieder die gleichen Bahnen durchfließt und dabei Stoffe zur Aufrechterhaltung der Körperfunktionen in die dazu notwendigen Körperbereiche befördert.

Diese Körperfunktionen haben ihrerseits eine Art Kreisform. Wenn irgendwo ein Energiebedarf entsteht, so wird so lange an- oder abtransportiert, bis der Bedarf gedeckt ist. Bei sinkender Außentemperatur z. B. erhöht sich die Körpertemperatur. Es wird „mehr verbrannt", das Temperaturgefälle wird wieder ausgeglichen (5).

Wissenschaftliche Ansätze

Die Einsicht in „kreisförmige" Zusammenhänge von Wahrnehmung und Bewegung, von Person und Umwelt führte von WEIZSÄCKER (1940) zur Entwicklung seines *Gestaltkreis-Modells.* Es darf als ein Vorläufer der so bedeutsamen Kybernetik gelten. Nach dem Gestaltkreis stehen Wahrnehmung, Bewegung und Umwelt, physikalischer Reiz und Empfinden in einer dynamischen Beziehung; der *kybernetische Regelkreis* hat diese Vorstellung weiter ausgearbeitet.

3.2 Der kybernetische Regelkreis

Einführung

NORBERT WIENER, Sohn eines polnischen Auswanderers in die USA, hat diesen Namen in Anlehnung an die alten Griechen gewählt. Der Sage nach war Theseus mit zwei hervorragenden Steuerleuten nach Kreta gesegelt und hatte dort das Stierungeheuer Minotaurus getötet. Zu Ehren dieser Fahrt und der Steuerleute wurden Feste, „Kybernetien", gefeiert (gr. kybernetes: „Steuermann"). WIENER löste im Zweiten Weltkrieg das Problem der Feuerleittechnik mit Hilfe des Radars und erfand die *Regelung durch Selbststeuerung.* Für die Steuerleute des Theseus galt es, allen Widrigkeiten zum Trotz das Schiff in den Hafen von Knossos auf Kreta zu lenken. Bei der Feuerleittechnik ging und geht es darum, ein bewegtes Objekt (Flugzeug) zu orten, alle wesentlichen Informationen (Entfernung, Richtung, Geschwindigkeit) auszuwerten und einen zukünftigen Standort vorauszuberechnen.

Wissenschaftliches Modell

Damit sind die wesentlichen Bauelemente des *Regelkreises* bekannt:

Es soll ein Ziel erreicht (Hafen) bzw. ein Objekt getroffen werden (Flugzeug). Wir nennen dieses Ziel allgemein den **Sollwert** 1.

Das geschieht auf Befehl einer führenden Instanz (des Königs, um den Schatz des Königs Minos zu gewinnen; der Regierung, um den Luftraum zu beherrschen). Diese Instanz heißt **Führungsgröße** 2.

Um eine Position (des Schiffes, des Geschützes) immer wieder auf das Ziel einzuregeln, werden alle wichtigen Informationen (über Wind, Meer, Entfernung, Richtung, Geschwindigkeit) an zentraler Stelle gesammelt und gegebenenfalls für Korrekturen genutzt (Steuermann, Kanonier, Kommandogeräte). Diese Stelle nennen wir den **Regler** 3.

Der Regler stellt die jeweils günstigste Position (des Schiffes zu Wind und Wellen, des Geschützes zum Flugzeug) zur Erreichung des Zieles (= Sollwert) ein. Die Größe wird **Stellgröße** (Stellwert) genannt 4.

Um jeweils die günstigste Position einzustellen, bedient sich der Regler einer besonderen, meist technischen Hilfe (der Steuermann des Ruders, der Kanonier des Zielgeräts). Diese Stellhilfe heißt auch **Stellglied** 5.

Über diese Stellhilfe wird nun der eigentlich ausführende Teil (Schiff, Geschütz) auf die günstigste Position hin geregelt. Diese Größe heißt **Regelstrecke** 6.

Es sind aber fortgesetzt Messungen an der Regelstrecke notwendig, weil Störungen (Umschlagen des Windes; Richtungsänderung des Flugzeugs) auftreten können. Diese heißen **Störgrößen** 7.

Die Messungen an der Regelstrecke werden durch besondere Meßeinrichtungen (Sextant und Lot in der Schiffahrt; Radar in der Feuerleittechnik) vorgenommen. Man nennt diese — bildhaft — **Meßfühler** 8.

Die an der Regelstrecke (Schiff, Geschütz) gemessenen Werte stellen die jeweilige Position (= Ist-Wert) dar. Sie heißen **Meßwert** (oder Regelgröße) 9.

Der Ist-Wert wird an den Regler (Steuermann, Kanonier) weitergeleitet, der zu prüfen hat, ob der Ist-Wert (derzeitige Position von Schiff, Geschütz) mit dem Soll-Wert (Zielposition in Richtung Hafen oder Flugzeug) übereinstimmt. Bei Übereinstimmung wird der Stellwert (Stellgröße) beibehalten, bei Abweichung wird er im Sinne der gewünschten Position der Regelstrecke verändert.

Wir nennen diesen Vorgang im Regler:
Sollwert-Istwert-Vergleich.

Abbildung 14 stellt diesen **kybernetischen Regelkreis** in seiner allgemeinen (abstrakten) Form dar.

Das kybernetische Modell

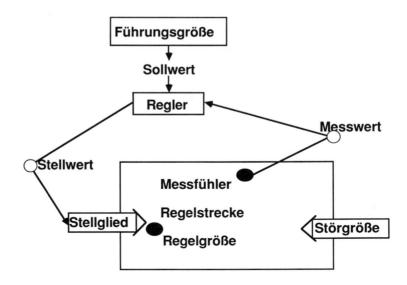

Abb. 14 Modell des kybernetischen Regelkreises mit seinen wichtigsten Kenngrößen (Bauelementen)

3.3 Der Regelkreis im Sport

Problem-stellung

Wir können den kybernetischen Regelkreis im Sport nicht in gleicher Weise anwenden, wie wir Trainingsverfahren und Trainingsmethoden „anwenden". Eine Trainingsmethode z. B. stellt (nur!) eine unmittelbare Beziehung her zwischen einem Trainingsziel (z. B. verbesserte Ausdauerleistung) und einem kontrollierbaren Trainingsvorgang (z. B. intervallartige läuferische Belastung). Der Regelkreis hingegen beschreibt, welche Mechanismen (insgesamt!) zusammenwirken, wenn ein Trainingsziel erreicht werden soll oder erreicht wird.

Auswertung

Der Regelkreis ist ein Modell, das im Sport verschiedene Aufgaben erfüllt:

— Es beschreibt ganz allgemein die Beziehung zwischen „höheren" regelnden Instanzen und „niederen" zu regelnden Größen im Sozialfeld Sport, im Individuum (Trainer, Sportler), im biologischen System (ZNS-Muskulatur);

— es erfaßt damit auch die Beziehung zwischen Trainer (Regler) und Sportler (Regelgröße);

— es gestattet Einsicht in Abhängigkeiten und Zusammenhänge „oberhalb" der Erscheinungsebene von einzelnen Vorgängen in Training und Wettkampf;

— es gestattet eine Analyse der Stellen, an denen Ursachen von Erfolg und Mißerfolg im Zusammenhang mit einem vorgebenen Ziel (Sollwert) auftreten können.

Wir wollen die Anwendung des Regelkreismodells an einem (erfundenen) Fall veranschaulichen.

Beispiel

Eine junge, noch unbekannte 800-m-Läuferin übersteht nur mit sehr viel Glück ihren Vorlauf zur Deutschen Meisterschaft.

Zur Vorbereitung auf den Zwischenlauf besprechen sie und ihr Trainer erneut die Taktik der Konkurrentinnen und legen wiederum ihre eigene Taktik genau fest.

Die Läuferin befolgt erneut exakt die Vorabsprachen und erreicht zur großen Überraschung aller Experten den Endlauf.

Im Endlauf scheint sie plötzlich alle Absprachen vergessen zu haben, sprintet vom Start weg, obwohl ihre eigentliche Stärke der Endspurt ist, hält unter dem Jubel von zehntausend Zuschauern ihr Tempo durch und schafft die Sensation: Sie wird Deutsche Meisterin.

Diskussion

Uns soll hier nicht beschäftigen, ob dieser Fall möglich oder unwahrscheinlich ist. Uns stellt sich die Frage, wo die Kenngrößen des Regelkreises verborgen sind und wie sie zusammenwirken.

Trainer und Läuferin haben sich ein Ziel (Sollwert) gesetzt. Wir vermuten:

1. Sollwert

Erfahrungen sammeln; deshalb soll die Läuferin möglichst den Vorlauf überstehen, z. B. Platz 4 erreichen. (Die Sollwerte „Sporttreiben", „Leichtathletik" und „Mittelstrecke" werden aus der sozialen Umwelt der Läuferin vorgegeben.)

2. Führungsgröße

Eine vom Verlauf des Wettkampfes unbeeinflußbare Größe, hier also im wesentlichen der Trainer und die durch ihn repräsentierten allgemeinen Zielvorgaben (der Familie, des Vereins usw.).

3. Regler

Im wesentlichen das Bewußtsein der Läuferin, das alle wesentlichen Informationen zentral verarbeitet.

4. Stellwert

Die jeweils günstigste Position der Läuferin zum Feld der Konkurrentinnen, die einen Schlußspurt noch erfolgreich erscheinen läßt. (Bei geschlossenem Feld z. B. eine hintere, bei auseinandergezogenem Feld eine Mittelposition.)

5. Stellglied

a) Akustische und optische Informationen über Zwischenzeiten und Position (Trainer).
b) Blickkontrolle des Feldes sowie Schrittlänge/-geschwindigkeit (Läuferin).

6. Regelstrecke

Die Läuferin selbst.

7. Störgrößen

Verhalten der anderen Läuferinnen, der Zuschauer; Temperatur, Wind, Regen; Beschaffenheit der Laufbahn; einige körperlich-seelische Reaktionen der Läuferin.

8. Meßfühler

a) Stoppuhr und Blick (Trainer).
b) Blick- und Hörkontrolle sowie Allgemeinbefinden (Läuferin).

9. Meßwerte

Informationen über die Stellung der Läuferin zum Feld.

Sollwert-Istwert-Vergleich

a) Der Trainer kann Informationen geben nach Sollwert-Istwert-Vergleich; bei Abweichungen: Korrekturen, bei Übereinstimmung: Bestätigung (Verstärkung).
b) Die Läuferin führt ihrerseits den Sollwert-Istwert-Vergleich durch und erteilt über innere Regler entsprechende „Befehle" an die Peripherie (Muskulatur).

Dieser Versuch einer Anwendung im Sport zeigt, daß sich die Elemente des Regelkreises hier zwar wiederfinden lassen, aber nicht mehr so eindeutig zu bestimmen sind, wie in technischen Bereichen. Menschliche Beziehungen werden nämlich von einer Fülle unterschiedlichster Einflüsse bestimmt, die nicht ausgeschlossen werden können. So zwingt z. B. ein Rennen im

Training „gegen die Uhr", also ohne Konkurrentinnen und Zuschauer, zum Aufbau eines völlig anderen Regelkreises: Der Sollwert ist eine konstant zu erreichende Zeit.

3.4 Lernkontrolle zum Regelkreis

Aufgabe 8

Wir wollen nun die Kenntnisse über den Regelkreis an drei Aufgaben schulen!

*Bitte **füllen** Sie im nachfolgenden Modell die **offenen Wortlücken** aus! Es handelt sich bei dieser Abbildung um einen*

R . . . . s.

Führungsgröße

S . . . .

R . . . . . .

St . . . . . w . . . . .   M . . . . w . . . . .

M . . . . . f . . . . .

R . . . . . s . . . . .

S . . . . g . . . .   S . . . . g . . . . .

R . . . . g . . . . .

Abb. 15 Regelkreis mit seinen zehn Kenngrößen als Lernkontrolle

Aufgabe 9

Das klassische Beispiel der **Anwendung** eines Regelkreises ist der Vorgang, durch den ein **Schiff** sicher in den **Hafen** gelangt. Bitte ordnen Sie den Funktionsträgern die entsprechenden Begriffe des Regelkreises zu!

Öltanker = _____
Seitenwind = _____
Ruder = _____
Lot = _____
Kapitän = _____
Fahrtrichtung = _____
gemessene Wassertiefe = _____
notwendige Fahrtiefe = _____
Hafenmole/Pier = _____
Ölgesellschaft = _____

Arbeitsanregung 1

Bitte **übertragen** Sie nun dieses Modell auf Ihre **Spezialsportart**. Greifen Sie eine **typische Trainingssituation** heraus und weisen Sie die Kenngrößen in der **Reihenfolge des Regelkreises** nach!

1 _____ = _____
2 _____ = _____
3 _____ = _____
4 _____ = _____
5 _____ = _____
6 _____ = _____
7 _____ = _____
8 _____ = _____
9 _____ = _____
10 _____ = _____

3.5 Die Steuerkette

Problemstellung

Wir müssen das Beispiel der 800-m-Läuferin noch einmal aufgreifen. Es bleibt bei diesem Fall noch ein Rest, den das Regelkreis-Modell nicht zufriedenstellend erklärt. Wir meinen den Endlauf. Hier verhält sich die Läuferin wider alle Absprachen mit dem Trainer (Führungsgröße), verändert die vorgegebenen Ziele (Sollwert) und leitet, so vermuten wir, aus den „Störgrößen" Zuschauer und Konkurrentinnen den Ansporn zum Sieg ab.

Wir können uns leicht die Reaktionen des Trainers, der Experten, der Konkurrentinnen und Zuschauer vorstellen. Der Trainer wird anfangs versucht haben, diesen „Selbstmord" zu stoppen, um dann ratlos (verzweifelt, enttäuscht, wütend) den Rennverlauf zu beobachten. Sofern er kein starrer Dogmatiker ist, dem Absprachen und Vorgaben wichtiger sind als ein Sieg, wird nach gut der Hälfte des Rennens Hoffnung in ihm aufkommen, dann erst Gewißheit, und am Ende Freude über etwas, was er zunächst noch nicht (weder vor sich selbst noch vor der Presse) erklären kann.

Auswertung

Die Läuferin wird sich vermutlich ähnlich schwertun, diesen Endlauf zu erklären. Für gewöhnlich kommt es zur Auflistung von Gründen. „Es ging mit mir durch" (aber wer ist dieses geheimnisvolle „Es"?), oder: „Ich wollte es versuchen — und alles geben" (aber warum tat sie es vorher nicht?), oder: „Die Zuschauer haben mich aufgestachelt" und: „Die Konkurrentinnen" — „Der Trainer", vielleicht noch „Vater (hat mich dazu gebracht) und Mutter (ihr verdank ich soviel)". Also „Gott und die Welt", wie es volksläufig heißt. Da letztlich alles mit allem zusammenhängt, könnte man die Reihe der Einflußgrößen beinahe beliebig fortsetzen. Eine Erklärung wird das freilich nicht.

Kybernetisch betrachtet, ist der *Regelkreis aufgebrochen.* Es gilt zwar der gleiche Startpunkt (S), auch das Ziel (Z) wird nach der gleichen Wegstrecke (W) erreicht sein, dennoch: die Taktik zur Bewältigung der Strecke hat sich geändert. Zuvor war die Taktik festgelegt, „programmiert". Läuferin und Trainer wollten, daß an die Stelle des Zufallserfolges die Sicherheit (durch Planung) trete (frei nach CARL DUISBERG, s. Motto des Studienbriefes). Nun ist im Endlauf an die Stelle eines gestuften Programms eine Taktik „nullter Ordnung" getreten: Die Läuferin will gleichsam in einem Schritt, „von der Spitze weg" gewinnen.

Das stellt sich folgendermaßen dar: Die Läuferin (L) will von S nach Z, und muß dazu W bewältigen:

$$S \rightarrow W \rightarrow Z$$

Sie hat eine einzige Taktik: Vorne bleiben (T_0). Zuvor hatte sie vermutlich mindestens drei: T_1 (hintere Position bei engem Feld), T_2 (mittlere Position bei langgezogenem Feld) und T_3 (4. Platz im Ziel), die fortgesetzt am vorgegebenen Sollwert ausgerichtet und bei Störungen „eingeregelt" wurden.

Endlauf: $\qquad S \rightarrow W(T_0) \rightarrow Z$

Wir können den Endlauf als Blockschaltbild schreiben:

Abb. 16 *Blockschaltbild einer Steuerkette*

Man nennt dieses Bild auch eine **Steuerkette.** Im Unterschied zum Regelkreis werden hier *Störungen abgefangen,* so daß sie nicht wirksam werden. Die entscheidende Störung für die Läuferin sind die Konkurrentinnen, die sie vom ersten Platz verdrängen wollen (andere Störungen: eigene Ermüdung, nachlassender Leistungswille usw.). Die Läuferin nimmt diese Störung vorweg, sie steuert gegen, indem sie ihren Schrittrhythmus oder die Schrittlänge verändert.

Nennen wir die Störung K (Konkurrentinnen), so bewirkt K, falls erfolgreich, eine Veränderung des Systems $W(T_0)$; es entstünde irgendein anderes $T(T_x)$. Die Läuferin fängt K ab, indem sie zur offenen Kausalkette $K \rightarrow W(T_0)$ eine parallele Steuerkette „schaltet" und z. B. ihren Schrittrhythmus (SR) verändert:

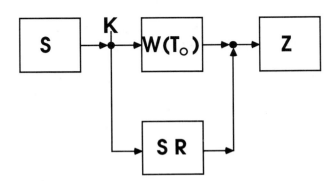

Abb. 17 *Modell eines Langlaufs als Steuerkette mit einer parallelen Masche (Maschenschaltung)*

Man nennt die parallele Steuerkette (K — SR — Z) bildhaft auch eine **Masche** oder **Maschenschaltung**.

Bei einer Steuerkette unterscheidet man eine Eingangsgröße, auch steuernde Größe genannt, von der Ausgangsgröße, der gesteuerten Größe. In unserem Beispiel ist K eine unterwegs „angreifende", steuernde Größe; die gesteuerte Größe ist das veränderte Laufverhalten der Läuferin.

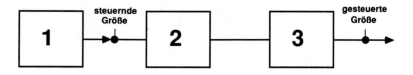

Abb. 18 Allgemeines Modell der Steuerkette mit der steuernden und der gesteuerten Größe

1. Merksatz

> Im Regelkreis werden bereits wirksame Störungen wieder ausgeglichen. Der Kreis bleibt aufgrund der Rückmeldung geschlossen.

Bei der Steuerung wirken die Teile eines Systems so aufeinander ein, daß der vorhergehende den nachfolgenden Teil steuert. Störungen (als „steuernde Größen") werden ausgeschaltet, indem ihre Wirkung vorweggenommen wird.

Wie können wir uns diesen Vorgang steuerungstechnisch erklären? Die Läuferin hat vom Start weg (Eingangsgröße) die Spitze genommen. Sie kontrolliert ihre Position vor dem Feld über das Gehör (akustisch) und andere Umwelt-Informationen (z. B. visuell durch Trainer und Zuschauer). So nimmt sie jedesmal wahr, wenn Konkurrentinnen aufschließen oder sie gar überholen wollen. Sie empfindet diese Wahrnehmung als steuernde Eingangs- oder Störgröße, spielt intern (über Motivator und Operator) die Folgen der „Störung" durch und nimmt diese Folgen vorweg, indem sie vor deren Eintritt „gegensteuert": sie verändert Schrittlänge und/oder Schrittrhythmus. *Abbildung 19* stellt diesen Steuerungsvorgang in zwei Phasen dar.

Das kybernetische Modell

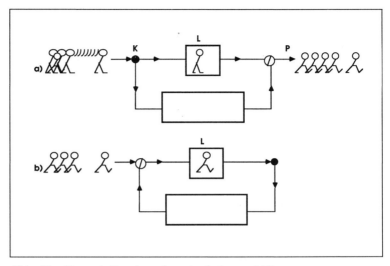

Abb. 19 Steuerkette eines Langlaufs in zwei Phasen:
a) Vorwegnahme der Konsequenzen der steuernden Störgröße K auf die Position im Feld (P),
b) Gegensteuerung durch Veränderung der gesteuerten Größe L (Schrittlänge) (5)

Wir vergleichen noch einmal:

2. Merksatz

> **Im Regelkreis werden Abweichungen vom Sollwert, die durch Störgrößen bedingt sind, wieder ausgeglichen. Das geregelte System soll stabil bleiben.**

Beim Steuern führen Signale (Informationen) zur Veränderung des Verhaltens des Systems. Das gesteuerte System gerät vorübergehend in einen Zustand der Instabilität.

3.6 Folgerungen für die Praxis

Problemstellung

Erkenntnisse und Einsichten bilden eine wesentliche Voraussetzung für sinn- und zielgeleitetes Handeln. Sie machen den Trainer unabhängiger vom Verfahren des Versuch-und-Irrtum; sie erlauben es ihm, systematisch zu planen. Das ist möglich mit Hilfe des kybernetischen Modells.

Das kybernetische Modell stellt den Trainer in eine steuernde/regelnde Beziehung zum Athleten und präzisiert jene Größen, die diese Beziehung bestimmen. Nun kann das Training besser „angesteuert" werden, indem sämtliche Größen vorab bestimmt und ihr Zusammenspiel im Hinblick auf das Ziel von Training und Wettkampf fortgesetzt überprüft werden.

Bei „blinder" Übertragung auf Trainings- und Wettkampfpraxis bringt das kybernetische Modell aber auch Gefahren:

1. Der Athlet wird nicht nur Regelstrecke, die einen Sollwert umsetzt, sondern auch Führungsgröße sein wollen, die selber Sollwerte entwickelt; andernfalls gerät das Kreismodell in einen Selbstwiderspruch, indem es die „Rückkehr" zum Sollwert verweigert, diesen somit von der Revision ausschließt.

2. Störgrößen können nicht nur an der Regelstrecke, sondern auch an anderen Kenngrößen ansetzen, z. B. am Regler (Trainer), der vielleicht einen falschen Sollwert-Istwert-Vergleich durchführt, oder am Meßfühler, der falsche Meßwerte (z. B. Beobachtungen) liefert, oder am Stellglied (z. B. Sprache, Gestik), das die Stellwerte mißverständlich an den Athleten weiterleitet. Es könnte so Ursache mit Wirkung verwechselt werden.

Auswertung

4. Das Kommunikationsmodell

Einführung

Längst haben die Begriffe **Nachricht, Information, Aktion, Interaktion, Transaktion** und **Kommunikation** auch den Bereich des Sports erreicht. Was sich einerseits als Theorie ins Wissenschaftlich-Abstrakte zu entfernen scheint, wird andererseits tagtäglich Alltag:

Präsidenten informieren den Trainer, die Presse; Trainer informieren den Präsidenten, die Spieler, den Platzwart; Sportler agieren, sie kommunizieren miteinander, sie kombinieren und interagieren. Warum sagen wir nicht mehr in jedem Falle: ,,benachrichtigen", ,,sich verständigen", ,,mitteilen" oder: ,,zusammenspielen", ,,miteinander sprechen", ,,gemeinsam handeln"? Vermutlich haben die wenigsten Trainer, Sportler, Journalisten, die diese Begriffe verwenden, sich mit der **Informationstheorie** dem (symbolischen) **Interaktionismus** und der **Kommunikationstheorie** beschäftigt. Wie sollten sie auch! Folgen sie somit einer praktischen Modeerscheinung?

Wir wollen an einem neuen, wiederum erfundenen Fall das Problem verdeutlichen, das hinter diesen Begriffen und ihrer Verwendung lauert. Der Fall heißt in der Sportdiplomatie: ,,Man trennte sich einvernehmlich".

4.1 Der Fall: Man trennte sich einvernehmlich

Der Fall, so erfunden er ist, ist doch, zumindest in der Fußball-Bundesliga, Alltag: Ein Trainer wurde gefeuert.

Beispiel

Für diesen Vorgang wollen wir drei wiederum übliche Versionen liefern:

Version 1

Der Präsident teilte dem Trainer nach dem verlorenen Spiel mit, der Vorstand habe den Vertrag mit ihm ab sofort gekündigt. Eine gleiche Information ging an die Presse.

Version 2

Nach dem verlorenen Spiel lud der Präsident den Trainer zu einem Gespräch ein, in dessen Verlauf die Lage von Mannschaft und Verein in aller Offenheit diskutiert wurde. Schließlich erfuhr die Presse, man sei übereingekommen, die vertraglichen Beziehungen zu lösen, man trennte sich einvernehmlich.

Version 3

Nach dem verlorenen Spiel meinte der Trainer, alle hätten gut gekämpft. „Wir hatten eben Pech." Der Präsident räusperte sich. Dann fragte er, beiläufig, was mit Paule war. „Weiß ich auch nicht", sagte der Trainer. „Eben", sagte der Präsident. „Und wann fahren Sie?" „Wir fahren nächste Woche", sagte der Trainer und meinte die Spielreise nach Marokko. „Na, dann fahren Sie mal diese Woche voraus. Und gute Erholung!" Die Presse schrieb: Man trennte sich einvernehmlich.

Drei Versionen für den einen Tatbestand der Kündigung. Offenbar verfügen wir über vielfältige Möglichkeiten, dasselbe verschieden auszudrücken. Aber es gilt auch die Umkehrung: Der gleiche Satz („Man trennte sich einvernehmlich") kann höchst doppelsinnig sein. Was sind die Gründe dafür? **Diskussion**

Ein Grund ist das wohl wichtigste Mittel der Verständigung, die **Sprache.** Sie ist nur selten eindeutig; weit häufiger ist sie vieldeutig. Das aber ist abhängig von zwei anderen Gründen, den Nutzern der Sprache, nämlich dem **Sender** und dem **Empfänger.** Damit sind die wichtigsten Elemente des Kommunikationsmodells benannt. Wir erörtern zunächst das technische Grundmodell.

In den Studienbriefen 12: „Menschenführung und Gruppenprozesse" und 22: „Taktik im Sport" wird das Kommunikationsmodell verwendet. **Querverweis**

4.2 Grundmodell der Kommunikation

Wissenschaftliches Modell

Das technische Grundmodell besteht aus drei Elementen, dem *Sender,* dem *Sendekanal* und dem *Empfänger.*

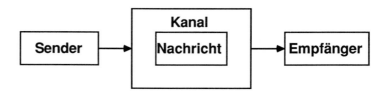

Abb. 20 Grundmodell der technischen Kommunikation mit Sender, Empfänger und dem Kanal, über den eine Nachricht vermittelt wird

Beispiele zur Veranschaulichung dieses Modells finden sich viele: Rundfunk und Fernsehen, Straßenverkehr, Sport. Die Medien strahlen über einen Sender in Form elektromagnetischer Wellen (Kanal) ein Programm („Nachricht") aus, das vom Konsumenten per Richtantenne und Radio- oder Fernsehgerät aufgenommen und umgewandelt wird (Empfänger).

Der illegal kreuzende Radfahrer (Empfänger) wird über die Hupe (akustischer Kanal) vom Autofahrer (Sender) über sein Risiko informiert (Nachricht). Der Starter (Sender) hebt die Starterpistole (visueller Kanal), gibt das Kommando „Fertig", drückt ab (akustischer Kanal) und signalisiert den Zeitpunkt des Starts (Nachricht) an die Startläufer (Empfänger).

Erweitertes Modell

MILLER (6) unterscheidet bei seinem Kommunikationsmodell noch eine *Quelle* und das *Ziel.* Das technische Modell umfaßt demnach fünf Elemente:

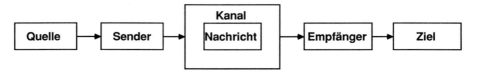

Abb. 21 Grundmodell der technischen Kommunikation, ergänzt durch die Elemente Quelle und Ziel

Jede Information, so MILLER, die von einem Ort zu einem anderen Ort wandert, hat eine Quelle, wo sie „entspringt", und einen Sender, der die Information so umformt, daß sie gesendet werden kann. Die Information benötigt einen Kanal, der sie in der veränderten Form überträgt, und auf der Empfängerseite eine Aufnahmeeinheit, in der sie in die ursprüngliche Form „rückübersetzt" wird. Erst dann erreicht sie ihr Ziel und wird verstanden.

Dieses Verstehen von Informationen hat eine Reihe von Voraussetzungen.

Problemstellung

Eine Voraussetzung ist an den Vorgang der Verschlüsselung/Entschlüsselung (Codierung/Decodierung) geknüpft; beide Teilvorgänge müssen sich auf die gleichen Signale beziehen. Wichtig ist ferner, daß eine Störung bei der Übertragung, das sogenannte „Rauschen im Kanal", das die Signale überlagert, von diesen getrennt wird. Nach DRISCHEL (7) ergibt sich folgendes Modell einer *Nachrichtenübertragungskette:*

1. Voraussetzung

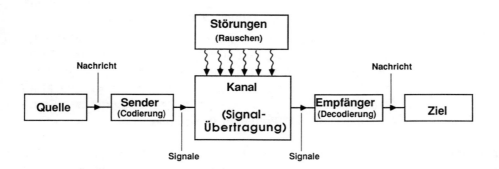

Abb. 22   Modell einer Nachrichtenübertragungskette

Eine weitere Voraussetzung für das Verstehen betrifft den **Wissens-** und **Kenntnisstand** von Sender und Empfänger. Beide müssen in Teilbereichen, z. B. in der benutzten Sprache oder in den verwendeten Zeichen, übereinstimmen. Das Wissen wird informationstheoretisch *Zeichenvorrat* (Zeichenrepertoire) genannt. Beide Zeichenrepertoires müssen sich überschneiden, sie müssen eine Schnittmenge haben, damit Kommunikation möglich wird.

2. Voraussetzung

Es gibt noch eine Reihe anderer Voraussetzungen dafür, daß eine Nachricht (Information) „verstanden" wird. Das gilt gleichermaßen für den Sport. Wir wollen zunächst klären, welche Übertragungsformen dem Kommunikationskanal zur Verfügung stehen.

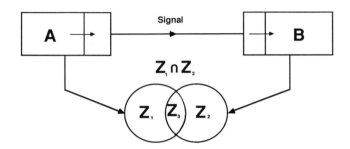

Abb. 23 Modell eines einfachen Signalübergangs vom Sender (A) zu Empfänger (B) als informationelle Kopplung. Der Vorgang der Codierung und Decodierung wird durch die unterbrochenen Pfeile in A und B angedeutet.
Es bezeichnen:
Z_1 = verfügbarer (aktiver) Zeichenvorrat von A
Z_2 = verfügbarer (aktiver) Zeichenvorrat von B
Z_3 = gemeinsamer Zeichenvorrat von A und B (als Schnittmenge: $Z_1 \cap Z_2$)

4.3 Kommunikationskanal

Problemstellung

Was fließt eigentlich zwischen zwei Größen (Systemen), die graphisch durch Pfeile verbunden sind?

Auswertung

Der einfache Pfeil ist zunächst einmal dreideutig. Er kann dreierlei besagen:

Stoffliches, Materie

Es wird Stoffliches transportiert, z. B. Sauerstoff von der Lunge über den Kreislauf in die Muskelzellen. Der Platzwart übergibt Sportlern Wettkampfgeräte usw.

Energie

Sonnenstrahlen erwärmen Wasser. Ein Tennisspieler holt aus und macht einen Aufschlag. Der Elfmeterschütze läuft zum Torschuß an usw.

Information

Der Hund informiert seinen Rivalen darüber, was er von ihm hält: Nichts, denn er knurrt und fletscht die Zähne. Der Vorstand informiert den Trainer . . .

Im Sport vermischen sich alle drei Formen der Kommunikation, wenngleich mit unterschiedlichem Gewicht. An der *Kraftmaschine* z. B. werden Gewichte (Materie) gegen Widerstand verschoben. Der Widerstand löst in der Muskulatur Stoffwechselprozesse aus, mit deren Hilfe Energien für die Arbeit bereitgestellt werden. Anzeichen der Ermüdung werden in die steuernden Zentren gemeldet (Information). Dort erfolgt der Befehl, weiterzumachen, zu steigern oder abzubrechen.

Beispiele

Anders liegen die Gewichte bei der Kommunikation zwischen Sportlern. Springt im *Hallenhandball* ein Rückraumspieler vor der gegnerischen Mauer mit dem Ball hoch, so signalisiert er eine Absicht (Information). Ball und Körper (Materie) dienen wie Sprunghöhe und Ausholbewegung (Energie) der Verteidigung als Informationsträger.

Die an den Informationsträgern abgelesene Information wird materiell und energetisch gedeutet: Die Verteidiger springen ihrerseits hoch, strecken sich und liefern Informationen für den Angreifer.

Wir folgern daraus:

> **Im Sport findet zwischen den Bezugsgrößen der sportlichen Tätigkeit stets ein stofflicher, energetischer und informationeller Austausch statt.**
> **Ist die Bezugsgröße die physikalische Natur (Erdanziehung, Wasserwiderstand), so überwiegt der materiellenergetische Austausch; die Informationen beinhalten im wesentlichen Meldungen über physikalische Zustände und physiologische Veränderungen.**
> **Wird der Mensch (Sportler, Gegenspieler) zur eigentlichen Bezugsgröße, so werden materielle Größen und energetische Vorgänge zu Informationsträgern, an denen Informationen über Handlungsabsichten abgelesen werden.**

Merksatz

Der Begriff des Informationsträgers ist hier weit gefaßt. Körper („Materie") und Bewegung („Energie") des Sportlers sind zunächst Voraussetzung dafür, daß überhaupt ein sinnvoller Handlungsplan („Information") entwickelt wird. Andererseits bleiben Bewegung und Körper der Steuerung und Regelung durch den Handlungsplan unterworfen. Wer also ist Herr, und wer ist der Knecht?

Die Doppeldeutigkeit der Zusammenhänge reicht bis in die verwendeten Begriffe. Wir wollen hier soweit klären, wie es uns möglich erscheint. Wir kehren deshalb wieder zu unserem Fall zurück.

4.4 Grundbegriffe der technischen Kommunikation

Problemstellung
In den oben (bei Kap. 4.2) diskutierten Modellen haben wir folgende Begriffe für das verwandt, was *überträgt* und was *übertragen wird* (werden soll): Signal, Nachricht, Zeichen, Information, Mitteilung. Was besagen diese Begriffe im Hinblick auf den Fall der Kündigung, und was ist ihre Grundbedeutung?

Auswertung
Der Präsident hat **Informationen** aus dem weiteren und engeren Umfeld, die ihm Einblick gewähren in den (desolaten) Zustand von Mannschaft und Verein. Die jüngste Information ist die neuerliche Niederlage der Mannschaft. Der Beschluß des Vorstands weckt in ihm eine Art Nachrichtenbedürfnis, er muß (möchte) dem Trainer etwas mitteilen.

Handelt es sich hier demnach um eine Information, eine Nachricht oder Mitteilung? Und was besagen hier Signal und Aussage?

Exkurs

> **Informationstheorie** (als mathematische Form der Kommunikation) und **Kommunikationstheorie** bieten folgende Vereinbarungen an:
>
> Eine Information muß unter drei Gesichtspunkten betrachtet werden:
> 1. Sie hat eine äußere Form (Struktur; Syntax) = syntaktische Dimension.
> 2. Sie hat eine Bedeutung (Sinn, Semantik) = semantische Dimension.
> 3. Sie beeinflußt das Handeln (Wirkung; Pragmatik) = pragmatische Dimension.
>
> Die (mathematische) Informationstheorie beschäftigt sich ausschließlich mit der Struktur (Syntax) der Kommunikation und kommt dadurch zu sehr genauen Aussagen (Regeln). Die (zwischenmenschliche) Kommunikationstheorie erfaßt alle drei Dimensionen und macht damit die Genauigkeit ihrer Aussagen abhängig von der (oft verdeckten) Beziehung der Kommunikationspartner.

Generell gilt:

Eine *Information* ist die Mitteilung eines Senders mit Neuigkeitswert für den Empfänger.

Wir als Außenstehende benötigen unsererseits zusätzliche Informationen (mit Neuigkeitswert!), um zu entscheiden, ob die Mitteilung des Präsidenten eine Information für den Trainer darstellt. Wurde die Möglichkeit einer Kündigung bereits offen diskutiert (ein beliebtes Spiel der Medien), ist somit die Wahrscheinlichkeit dieses Ereignisses groß, so hat der Inhalt der Mitteilung nur geringen Informationsgehalt. Überraschen (also „informieren") können dann nur noch Zeitpunkt und Art der Mitteilung.

Es gilt ferner:

Eine **Mitteilung** besteht aus einem physikalischen **Signal** (oder einem System von Signalen) und der **Nachricht,** die das Signal überträgt.

Der Präsident „signalisiert" mit Hilfe von verbaler und motorischer Sprache („Körpersprache") die Nachricht der Kündigung. Er codiert diese Nachricht in **Sprache,** also in Sätze, die aus Satzteilen (syntaktischen Einheiten), Wörtern und Buchstaben, aus Klang- und Gestalteinheiten (Phonemen und Morphemen) bestehen. Er codiert sie auch in **Körpersprache,** also in Blick und Gebärde, in Körperstellung und Körperhaltung.

Diese Ausdrucksformen sind Sprech- und Bewegungszeichen. *Zeichen* stehen für etwas anderes als sie selbst. Sie verweisen auf das, was sie bedeuten. Das Räuspern des Präsidenten (Version 3) ist als physikalisches Signal ein indifferentes Geräusch von meßbarer Dauer und Intensität (Syntax). In der Sprechsituation wird es zur Nachricht über Stimmung und Einstellung des Sprechenden; der Trainer könnte daraus Zweifel, Mißtrauen, Ungeduld herauslesen (Semantik). Es sollte ihn eigentlich „vorwarnen" und vorsichtig machen, somit sein weiteres Handeln beeinflussen (Pragmatik).

Wir fassen zusammen:

Merksatz

> **Mit Kommunikation bezeichnen wir die Übermittlung von Nachrichten in Form von Signalen, die Zeichencharakter haben. Hat die Nachricht Neuigkeitswert für den Empfänger, so hat sie Informationswert. Signale und Signalsysteme, mit deren Hilfe solche Informationen übertragen werden, nennen wir Informationsträger.**

4.5 Kritische Einschätzung

Problemstellung

Das Grundmodell, wie es die technische Kommunikation benutzt, hat Stärken und Schwächen hinsichtlich der Übertragung auf den Sport.

Stärken:

Auswertung

— Es gibt den höchst komplexen Vorgängen der Kommunikation eine übersichtliche Struktur.

— Es erlaubt die an Kommunikationsprozessen beteiligten Einheiten (Elemente) getrennt zu betrachten und ihre Wirkungsweise zu überprüfen.

Schwächen:

— Zwischenmenschliche Kommunikation ist ein Prozeß mit ständiger (interner und externer) Rückkopplung; der Sender von Nachrichten ist stets und unmittelbar auch Empfänger von Nachrichten. (Im Unterschied dazu benutzen z. B. Zeitungen den mühsamen Weg der Leserbriefe, die ihrseits noch einmal ausgewählt und verkürzt werden, und ebensoviel oder wenig bewirken wie Anrufe von Zuschauern beim Fernsehen).

— In der zwischenmenschlichen Kommunikation kann man weder den „Sender" noch den „Empfänger" abschalten, denn „man kann nicht nicht kommunizieren" (8). Positiv: Wir „verhalten" uns stets, was immer wir tun; folglich kommunizieren wir immer.

— Die drei Versionen der Kündigung können nicht mit dem technischen Modell allein erklärt und gedeutet werden.

Dazu benötigen wir die Theorie der menschlichen (zwischenmenschlichen, sozialen) Kommunikation.

4.6 Das Grundmodell der zwischenmenschlichen Kommunikation

Wir können nur dunkel ahnen, wie sehr im Falle der Kündigung Menschen untereinander und füreinander „Schicksal spielen". Der Trainer, erfolglos mit seiner Mannschaft, wirkte vielleicht mit daran, daß der Verein in die roten Zahlen kam. Der Vorstand kündigt ihm, um den sportlichen Sturz abzubremsen und den finanziellen Absturz abzuwenden. Aber wohin stürzt der Trainer?

Einführung

Zur zwischenmenschlichen Kommunikation gehören alle diese Fragen nach der Form und der Bedeutung der **kommunikativen Situation** (Gegenwart), ihren Voraussetzungen und Ursachen (Vergangenheit) und ihren Folgen (Zukunft). Die Folgen aber bleiben nicht auf den „Empfänger" der Nachricht beschränkt; sie wirken auch zurück auf den „Sender". Der Präsident wird sich vor der Öffentlichkeit, vor dem Verein und der Mannschaft, insbesondere vor sich selbst rechtfertigen müssen. Läßt sich die Kündigung wirklich nur mit dem Versagen des Trainers rechtfertigen, oder dient der Trainer nur als „Sündenbock" für die Fehler des Vorstandes, für Schwächen der Mannschaft?

Es ist ein Nachfolger zu finden, der an die Stelle des gekündigten Trainers rückt. Der Vertrag mit dem alten Trainer muß rechtskräftig abgewickelt, ein neuer Vertrag geschlossen, bestimmte

Informationen müssen gegeben, andere zurückgehalten werden usw. Es wird jeder Empfänger seinerseits zum Sender von Nachricht, der Sender zum Empfänger.

Problemstellung   Welche einzelnen Elemente unterscheidet man bei der Kommunikation?

Auswertung   In der zwischenmenschlichen Kommunikation heißt der Sender **Kommunikator.** Er ist in der Regel zugleich Quelle und Sender der Nachricht. Der Empfänger der Nachricht ist der **Kommunikant.**

Er umfaßt sowohl die Empfangs- als auch die Zieleinheit, denn an (in) ihm soll der Zweck der Nachricht erreicht werden. Sein Handeln (Verhalten) wirkt zurück auf den Kommunikator, der nun zum Kommunikant wird. So könnte sich der Trainer mit der Mannschaft gegen den Vorstandsbeschluß ,,solidarisieren" mit dem Ziel, den Vorstand zur Rücknahme der Kündigung zu bewegen. Mit seiner Reaktion auf diese neue Situation wird der Vorstand nun seinerseits wieder zum Kommunikator, nun aber für einen veränderten, umfassenderen Kommunikanten Trainer-Mannschaft.

Das Grundmodell der zwischenmenschlichen Kommunikation stellt *Abbildung 24* dar. Wir wollen dieses Grundmodell eine **Kommunikationssequenz** nennen.

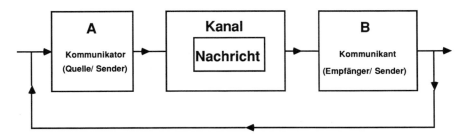

Abb. 24   *Grundmodell der zwischenmenschlichen Kommunikation als Kommunikationssequenz, bestehend aus den Elementen Kommunikator (A), dem Kommunikationskanal und der Nachricht, dem Kommunikanten (B) und der rückmeldenden Kommunikationsschleife (Feedback)*

Jedes dieser Elemente bestimmt auf seine Weise die Kommunikation. Wir wollen die wichtigsten Einflüsse (Variablen) kurz diskutieren.

4.7 Der Kommunikator

Wir haben oben (in Kap. 4.1) drei Formen einer Kommunikationssequenz zwischen Präsident und Trainer beschrieben. Die erste stellt die ,,schmucklose" Mitteilung einer Kündigung, die zweite ein gemeinsames, analysierendes Gespräch, die dritte eine ironisch-verschleierte Kündigung in einem Schein-Gespräch dar.

Die Wahl der Kommunikationsform hängt wesentlich ab von den persönlichen und situativen Bedingungen des Kommunikators. Welche sind das? **Problemstellung**

Man kann sie nach *psychologischen* (,,internen") und *sozialen* (,,externen") Bedingungen gliedern. Hier gibt es längerfristige und Augenblickseinflüsse.

Die Persönlichkeit, z. B. als ein unsichtbares Bezugssystem aus Werthaltungen, Motiven und kognitiv-affektiven Steuerungstechniken des Verhaltens, wird langfristig (,,zeitlebens") aufgebaut. Stimmungen entstehen hingegen oft aus der gegenwärtigen Situation heraus und können schnell umschlagen. Ähnlich unterscheidet sich die Herkunft (Sozialschicht) von vorübergehender Funktion (,,Rolle") in einer Gruppe.

Mit den das Verhalten bestimmenden personinternen und personexternen Bedingungen beschäftigt sich der Studienbrief 11 ,,Individuelle Voraussetzungen der Leistung und Leistungsentwicklung" (GABLER). **Querverweis**

Wesentlich für die Kommunikationssequenz ist die Verbindung dieser Bedingungen unter dem Gesichtspunkt der Kommunikationsabsicht. Verfügt der Präsident über die Macht, eine Kündigung auszusprechen, so bleibt die Frage, ob und wie er sie nutzt (ausübt). Das Wort Macht könnte hier für alle die Mittel stehen, die er zur Durchsetzung seines Zieles einsetzt:

— Ansehen (im Verein, bei Spielern und Trainer),
— Fachkompetenz (auf dem Gebiet der Verwaltung, des Sports),
— Wissen (in Psychologie und Rechtsprechung),
— Überzeugungsfähigkeit (Argumente, Erscheinung, Körpersprache).

Daraus ergibt sich für den Kommunikator das Modell eines für mannigfache (soziale) Einflüsse offenen Systems, das sowohl aus externen als auch internen Bedingungen zum Sender einer bestimmten Nachricht wird.

Man kann aus dem vorhergehenden Modell den Kommunikator herausgreifen und differenziert so darstellen:

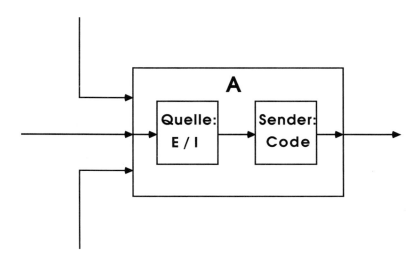

Abb. 25   Modell des Kommunikators (A), dessen Informationsquelle externe (E) und interne (I) Einflüsse sind, die im Sender zur Nachricht verschlüsselt (codiert) werden

Die Wahl der Kommunikationsmittel hängt somit vom Zusammenspiel situativer und latenter, externer und interner Bedingungen ab.

Die Nachricht selbst wird in einer bestimmten Weise codiert: dem Kaufmann (Version 1) liegt nichts am Drumherum, er zieht Bilanz, kühl, knapp, definitiv. Der Psychologe (Version 2) will überzeugen; er sucht das persönliche Gespräch und bietet Argumente an, die die Entscheidung einsichtig und darum „einvernehmlich" werden lassen. Der Zyniker (Version 3) spielt seine Überlegenheit aus. Das Spiel mit Worten ist die gewaltverschleiernde Form seiner Machtausübung.

In dieser Art der Codierung drückt sich die Bedeutung aus, die die Nachricht für den Kommunikator hat und die sie seiner Vorstellung nach für den Kommunikanten haben soll.

Damit wird der Kommunikant „vorweggenommen". Seine mögliche Reaktion bestimmt bereits die Aktion des Kommunikators.

4.8 Der Kommunikant

Der Kommunikator antizipiert den Kommunikanten. Jener wartet nicht ausschließlich auf die Rückmeldung (= externes Feedback) aus dem wirklichen Verhalten des anderen. Dennoch wird der Kommunikant nicht zwangsweise manipuliert, auf eine erwünschte Reaktion festgelegt. Ihm bleiben zwei Spielräume, sich seine Freiheit zu bewahren: Der Spielraum der Decodierung der Signale (,,Interpretation"), und der Spielraum der Auslegung der decodierten Mitteilung in eigenes Handeln. Beide Vorgänge werden von vergleichbaren externen und internen Bedingungen bestimmt, wie sie beim Kommunikator auftreten.

Problemstellung

Interpretation und Handeln sind individuell sehr unterschiedlich, so daß die Reaktion nur in Grenzen voraussagbar ist.

Auswertung

Ein Trainer, der sich als **Arbeitnehmer** im Unternehmen Verein versteht, wird mit dem Kaufmann-Präsidenten und seiner Mitteilung besser fertig als der **Kumpel-Trainer,** der sich immer auch gefühlsmäßig an Sportler, Mannschaft und Verein bindet. Ihn schreckt sicherlich die ,,Bilanzierung" menschlicher Beziehungen, ihre Reduktion auf einen juristischen Vertrag. Und vielleicht irritiert nur den **Humoristen** nicht die ironische Distanz des Zyniker-Präsidenten, indem er selbst, die eigene Unterlegenheit in Überlegenheit kehrend, den Präsidenten einlädt, mitzureisen in den (Kündigungs-)Urlaub.

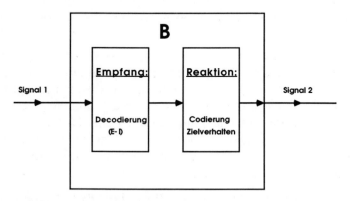

Abb. 26   Modell des Kommunikanten (B), der das Signal 1 als Mitteilung unter Wechselbeziehung von externen (E) und internen Einflüssen (I) decodiert, eine Reaktion zeigt, in die eigenes Zielverhalten codiert ist, das als Signal 2 wiederum zur Mitteilung an einen (anderen) Kommunikanten wird

Das Modell des Kommunikanten umfaßt demnach die Einheiten Empfang (Decodierung) und Reaktion (als Mitteilung über Zielverhalten). Es ist seinerseits ein mannigfachen Einflüssen offenes und selber mitteilendes System.

Kommunikator und Kommunikant sind in zweifacher Weise miteinander verbunden: Einmal durch die Vorwegnahme (Antizipation) der möglichen Reaktion des anderen, zum anderen durch die Rückmeldung (Feedback) über die wirkliche Reaktion, die als Mitteilung zugleich eine neue Kommunikationssequenz eröffnet.

4.9 Einige Grundsätze der menschlichen Kommunikation

Problemstellung

Für Trainer und Sportler als Partner im Sozialfeld Sport gilt das für die Beziehung Präsident-Trainer Gesagte gleichermaßen. Wir wollen diese Aussagen vertiefen und noch um einige für die Trainer-Sportler-Kommunikation wichtige Grundsätze erweitern. Wir orientieren uns dabei an WATZLAWICK u. a. (9).

Der Trainer ist für die Sportler gleichsam immer da, auch wenn er sich abwartend (passiv) verhält. Er bestimmt ihr sportliches (oft auch alltägliches) Handeln durch sein *Leitbild* (als Norm- und Wertvorstellung) und konkretes *Handeln,* in welchem sich seine Motivation, Motive, Ziele und Vorgehensweisen zeigen. Im Kommunikationsmodell lautet dieser bereits zitierte Grundsatz 1:

1. Grundsatz

Der Trainer kann nicht nicht kommunizieren. Er kommuniziert immer, auch wenn er es nicht will. Auch Nichtstun bedeutet immer etwas tun, nämlich sich zu anderen verhalten.

Wenn der Trainer sagt: „Franz, du mußt das Sprungbein strecken!", dann spricht er den Sportler persönlich an, fordert ihn auf (stimuliert ihn) und informiert ihn zugleich. Schaut er dem Sportler schweigend zu, so kommuniziert er ebenfalls. Franz wird vielleicht irritiert („Hab ich etwas falsch gemacht?"), vielleicht aber motiviert („Ob der sieht, daß ich es schon kann?"). Bedeutung und Wirkung beruhen auf der *Beziehung* der Kommunikationspartner.

> **Jede Kommunikation hat einen Inhalt (Mitteilung) und gründet in einer Beziehung der Kommunikationspartner. Die Beziehung bestimmt dabei ganz wesentlich die Form der Mitteilung (des Inhalts).**

2. Grundsatz

In der dritten Version der Kündigung (s. S. 56) offenbart die *Folge der Kommunikationen* die Beziehung zwischen Trainer und Präsident. Der Trainer lobt die Mannschaft und begründet die Niederlage mit dem Zufall („Pech"). Der Präsident antwortet auf einer anderen Ebene: Er räuspert sich und fragt nach dem Spieler Paule.

> **Die Art der Beziehung zwischen Kommunikationspartnern wird durch die Folge der Mitteilungen (Kommunikationssequenzen) wesentlich mitbedingt.**

3. Grundsatz

Denn hätte sich der Trainer nicht in die Defensive begeben, sondern offensiv, also selbstkritisch und humorvoll die Situation beschrieben, die Beziehung (zumindest in diesem Gespräch) hätte sich anders gestaltet.

Schließlich spiegelt sich in den Kommunikationssequenzen auch die *Rollenbeziehung* der Partner. Die beiden Aussagen des Trainers: „Franz, du mußt dein Sprungbein strecken!" und: „Franz! Streck endlich dein Sprungbein!" signalisieren ein Rollengefälle. Das Rollengefälle wird besonders deutlich in den Versionen 2 und 3. Präsident 2 sucht die Verständigung; die Gesprächssituation vermindert die Rollendistanz. Wir wollen diese Kommunikationsform mit WATZLAWICK **symmetrisch** nennen. Präsident 3 hingegen vergrößert eher noch die Distanz. Er interagiert mit dem Trainer im Sinne einer **komplementären** Beziehung: er steht „oben", jener „unten".

> **Die Rollenbeziehung der Partner kann sich in symmetrischer oder komplementärer Kommunikation ausdrücken, wobei symmetrische Kommunikation eine Beziehung des Ausgleichs, der Verminderung von Unterschieden und Distanz und komplementäre Kommunikation die Beziehung zwischen Positionen bezeichnet, die nach Macht (Rang, Entscheidungskompetenz, Verantwortung) unterschiedlich sind.**

4. Grundsatz

4.10 Folgerungen für die Praxis

1. Jeder Trainer sollte sich der **Vielfalt** der Kommunikations**formen** und **-mittel** bewußt sein, damit er sie als **Werkzeug** (Instrument) seines sozialen Berufes situationsgerecht einsetzen lernt.

2. Es gibt nicht **die** Kommunikationsform (früher oft: „Führungsstil" genannt), es gibt **keine beste,** es gibt immer nur **Situationen,** in denen der Trainer sich angemessen verhalten und handeln muß.

3. Formen der Kommunikation sind **erlernbar** wie jede Technik. Aber Kommunikationstechniken wirken leer und hohl, wenn sie nur angelernt wurden. Denn jede dieser Techniken und die Art und der Zeitpunkt ihrer Anwendung signalisieren dem Athleten etwas von der **Beziehung,** die der Trainer zu ihm hat.

4. Generell gilt aber: Auch Sportler können sich auf die Individualität eines anderen, hier des Trainers, *einstellen.* Der „laute" Trainer wird deshalb nach einiger Zeit oft nicht mehr als „laut", der „sanfte" nicht mehr als „sanft" empfunden, wenn er die wichtigsten Erwartungen („Rollen") der Athleten als fachkompetenter, emotional stabiler, einfühlungsfähiger pädagogischer Trainer erfüllt.

Querverweis

Der Studienbrief 4 „Pädagogische Grundlagen des Trainings" (D. KURZ) vertieft das Problem der pädagogischen Qualifikation des Trainers.

4.11 Lernkontrolle

Bitte entscheiden Sie, ob nachfolgende Aussagen richtig (R) oder falsch (F) sind:

Aufgabe 10

Wenn ein Speerwerfer in einem Wettkampf den Speer wirft, dann läuft zwischen ihm und den Zuschauern
1. eine Interaktion   R ( )   F ( )
2. Kommunikation   R ( )   F ( )
3. Informationsaustausch   R ( )   F ( )
4. nichts von allem ab.   R ( )   F ( )

Das Kommunikationsmodell

Aufgabe 11

Die Zuschauer **verstehen** den Vorgang des Speerwurfes,

1. wenn sie schon häufiger selber einen
   Speerwurf gesehen haben   R ( )   F ( )
2. wenn sie die Informationen des Vorgangs
   (Verhalten von Athlet und Speer)
   richtig deuten können   R ( )   F ( )
3. weil sie sich gegenseitig über den
   Vorgang informieren   R ( )   F ( )
4. weil zwischen ihnen und dem Speer ein
   Informationsaustausch stattfindet R ( ) F ( )

Aufgabe 12

Welche Rollenbeziehung liegt im nachfolgenden Dialog vor?

Trainer: Ich bin sicher, wir werden diesen Wettkampf gewinnen. Wir müssen ganz einfach, komme, was da wolle!

Athlet: Stimmt. Sonst sind wir weg vom Fenster. Aber wie? Wie sollen wir das anstellen? Wir haben schon leichtere verloren.

Trainer: Aber wie! Aber wie! Immer dieses Aber-wie! Ich kann es schon nicht mehr hören. Du mußt dich zusammenreißen! Konzentrieren, hörst du! Dich auf den Punkt bringen, basta!

Aufgabe 13

Entscheiden Sie, welche Aussagen richtig (R) oder falsch (F) sind:

1. Handlungen entstehen durch externe Reize,
   die Reaktionen bewirken.   R ( )   F ( )
2. Ohne Rückmeldungen (Feedback) ist
   Handeln auch im Sport unmöglich. R ( )   F ( )
3. Ein Fehlstart beruht auf einer falschen
   Wahrnehmung.   R ( )   F ( )

5. Handlungsmodelle im Sport

Einführung

In Sportpraxis und Sportwissenschaft werden Begriffe wie Bewegung, Aktion, Verhalten, Handlung oft nebeneinander benutzt. Sie bezeichnen aber keineswegs gleichbedeutende Inhalte. Wir bevorzugen den Begriff der **Bewegungshandlung,** und das aus drei Gründen:

1. Es gibt Handlungen ohne sichtbare Bewegung, z. B. Denkhandlungen; der Begriff Handlung wäre für das, was im Sport geschieht, zu allgemein.
2. Es gibt Bewegungen ohne Denken, z. B. reflektorische Bewegungen; der Begriff der Bewegung ist für sportliches Geschehen zu eng.
3. Wir vermeiden mit dem Begriff Bewegungshandlung die Einseitigkeit einer Handlungstheorie, wie sie der Behaviorismus oder der Marxismus entwickelte.

Generell gilt:

1. Definition

> Mit dem Begriff der **Handlung** wird im allgemeinen die kleinste, zugleich umfassende Einheit der menschlichen Tätigkeit bezeichnet.

Erläuterung:

Tätigkeiten (z. B. des Berufes) setzen sich aus einer Fülle solcher Handlungen zusammen, die ihre Ziele auf den Zweck der jeweiligen Tätigkeit ausrichten. **Handlungen** werden bestimmt von der Wechselwirkung zwischen umfassenden inneren Vorgängen und wahrnehmbaren äußeren Ereignissen. Diese Wechselwirkung bezeichnet die **Einheit,** die (mögliche) Einbeziehung aller Einflußgrößen die **kleinste** Einheit des Handelns. (Reflexe oder Muskelkontraktionen sowie Empfindungen oder Motive stellen nur Elemente einer Handlung dar.)

2. Definition

> Eine sportliche **Bewegungshandlung** ist die kleinste, zugleich umfassendste Einheit der sportlichen Tätigkeit als Wettkampf und Training.

Erläuterung:

Sportliche Tätigkeit wird bestimmt durch die **Grenzsituation des Wettkampfes** und deren planmäßige Vorbereitung im Training. Sportliche Bewegungshandlungen orientieren ihre Ziele an Sinngebung und Struktur des sportartspezifischen Wettkampfes, indem sie Innenvorgänge und Außenereignisse in Beziehung setzen.

Welche für den Sport bedeutsamen Modelle der Bewegungshandlung gibt es?	**Problemstellung**
Die sportliche Bewegungshandlung wird je nach wissenschaftlicher Position (oder ,,Weltanschauung'') stärker aus der *Außen-Perspektive,* der *Innen-Perspektive* oder einer *Ganzheits-Perspektive* gesehen.	**Auswertung**
Die **Außen-Perspektive** bestimmt das *Reiz-Reaktions-Modell* des *Behaviorismus.* Hier sind nur die Eingabe von Reizen und die Ausgabe von Reaktionen, nicht aber die dazwischen vollzogene Verarbeitung Gegenstand der Untersuchung. Deshalb spricht man auch vom ,,Input-Output'' oder dem ,,Blackbox-Modell'' (vgl. Kap. 5.2).	**1. Modelltyp**

Die gleiche Perspektive haben auch alle jene die Entscheidungsmerkmale der Bewegung/Bewegungshandlung beschreibenden Wissenschaften, so z. B. die *Biomechanik* oder die traditionelle *Bewegungslehre.*

Aus der Sicht der (in Kap. 2.3 diskutierten) internen Verarbeitung behandelt auch die sportmedizinische Disziplin der *funktionellen Anatomie* die Bewegungshandlung aus der Außen-Perspektive.

Die **Innen-Perspektive** gebührt Teilbereichen der *Psychologie,* der *Informatik* und *Pädagogik,* sofern die inneren Vorgänge Vorrang haben vor den Außenwirkungen.	**2. Modelltyp**
Die **Ganzheits-Perspektive** wird im wesentlichen vom Modell der *Kybernetik* und den Synthese-Modellen beansprucht. Ganzheit meint dabei die Verbindung der Außen- und Innen-Perspektive. Synthese- oder Gesamtmodelle nennen wir solche Modelle, die den Handelnden in Beziehung zur sportlichen Umwelt setzen und zugleich einen Zusammenhang zwischen psychischen und physischen Bereichen herstellen.	**3. Modelltyp**

5.1 Das Reiz-Reaktion-Modell (Behaviorismus)

Einführung

Das Handlungsmodell des Behaviorismus (engl. behavior: ,,Verhalten, Betragen") ist ebenso alt (um 1900) wie einfach. Es ist aber keinesfalls überholt, da es als Vorlage für neuere Modelle diente und in der sportlichen Praxis allenthalben begegnet. Kritiker behaupten, viele Trainer seien Behavioristen, insbesondere ,,Erfolgstrainer".

Wissenschaftliches Modell

Das Modell des Behaviorismus besteht aus zwei Elementen:
1. Dem Reiz *Stimulus* als Eingang (Input)
2. der Reaktion *Response* als Ausgang (Output).

Dazwischen befindet sich die sogenannte **Black-box** (engl. black ,,schwarz" und box ,,Kasten"), das Innere des Handelnden als ,,schwarzer Kasten". Das Modell ähnelt dem des Umweltreize verarbeitenden Systems Mensch (vgl. Kap. 2.3) mit zwei entscheidenden Unterschieden:

— es gibt keine Rückkopplung (Feedback)
— es werden nur wahrnehmbare Ereignisse (Verhalten) berücksichtigt.

Abbildung 27 stellt das behaviorale Grundmodell dar.

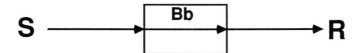

Abb. 27 Das Reiz-Reaktion-Modell mit den Größen S (Stimulus), R (Response), der Black-box (Bb) und Pfeilen (in Richtung des Reizes und seiner Beantwortung)

Der Behaviorismus umfaßt eine große Breite unterschiedlichster Positionen.

Wir fassen die ältere Entwicklung in Grundsätzen zusammen:

1. Grundsatz

> *Letztlich lassen sich nur Verhaltensweisen als Reaktionen (Response) des Menschen auf Einflüsse der Umwelt (Reize, Stimuli) feststellen und untersuchen.*

Damit sind — zumindest wissenschaftlich — religiöse Vorstellungen (einer „jenseitigen" Gottheit), die idealistische Annahme einer Trennung von „Leib" und „Seele" (Dualismus) und philosophisches Spekulieren (Metaphysik) abgewiesen.

2. Grundsatz

> *Die Existenz von Vorgängen im Inneren (der Black-box), die als Bewußtsein verstanden werden, lassen sich nicht aus dem äußeren Verhalten beweisen, oder aber die Aussagen darüber bleiben unwissenschaftlich (unklar, spekulativ).*

Damit ist auch die Methode der „Innenschau" (Introspektion) abgewiesen, also das Verfahren, welches wir oben (vgl. Kap. 2.5) mit Begriffen wie „interner Beobachter" und „Inside-Perspektive" umschrieben haben.

3. Grundsatz

> *Die Grundeinheit des menschlichen Verhaltens und Handelns (auch des Lernens!) ist der bedingte Reflex oder die konditionierte Reaktion.*

Der Begriff stammt von J. P. PAWLOW (1849—1936), der bei Experimenten mit Hunden feststellte, daß diese nicht erst beim Fressen, sondern bereits beim Anblick des Fressens mit Speichelsekretion „reagierten", und daß diese Reaktion mit anderen Reizen (Glockenton) gekoppelt und später durch diesen sekundären Reiz sogar allein ausgelöst werden konnte. Die Kette „Fressen — Speichelsekretion" nannte PAWLOW **unkonditionierter Reflex,** die Kette „Glockenton — Speichelsekretion" **konditionierter Reiz — konditionierter Reflex.** (Die Begriffe Reflex und Reaktion sowie bedingt und konditioniert sind austauschbar.)

Das Erlernen von konditionierten Reaktionen

— ist abhängig von der zeitlichen Nähe zwischen unkonditioniertem und konditioniertem Reiz;
— wirkt verallgemeinernd (Generalisation), indem auch ähnliche Reize die Reaktion auslösen;
— kann durch nachträgliche Bekräftigung (instrumentelles Konditionieren) verstärkt werden;

— läßt sich programmieren, indem einzelne Handlungen (Lernschritte) als erfolgreich bestätigt werden und so auf die Umwelt einwirken, daß ihr Auftreten dadurch wahrscheinlicher wird (operantes Konditionieren).

Diskussion Es ist die *Stärke* des Reiz-Reaktion-Modells, daß alle Aussagen sich auf überprüfbare Beziehungen zwischen Umwelt-Reizen und Person-Reaktionen beschränken. Schon aus diesem Grunde sind viele Trainer „Behavioristen". Auch Trainer wenden die Black-box-Methode an, wenn sie (hoffentlich nur kurzfristig!) den Athleten auf Input-Output-Beziehungen reduzieren, oder wenn sie über diese Beziehungen rückschließen auf die „innere" Struktur der Persönlichkeit, also auf Zusammenhänge zwischen den steuernden, regelnden Kräften der Motivation und Motive, der Werthaltungen, Emotionen, Affekte, Triebmechanismen usw.

Die *Schwächen* des Modells lassen sich aus dem Person-Umwelt-, dem Kybernetik- und dem Kommunikationsmodell ableiten:

— Der Mensch wird Umweltreizen ausgesetzt statt diese selber auch aufzusuchen und auszuwählen: Handeln bleibt Reagieren.

— Die Vorherrschaft (Dominanz) der Umwelt verdrängt die Frage nach den biologischen Grundlagen (Erbgut) und den subjektiven Zuständen (Empfinden) des Handelns: Handeln ist objektiv wahrnehmbares Reagieren.

— Die Dominanz der Umwelt macht den reagierenden Menschen abhängig: Lernen bedeutet „verstärkt" werden.

— Der konditionierte Mensch erkennt nicht; er hat keinen Himmel über sich und keine Ideen in sich: Lebenssinn heißt Anpassung.

Dennoch, die positiven Nachwirkungen des Behaviorismus auch im Sport sind unverkennbar: Aussagen werden durch objektiv beobachtbare Tatsachen gesichert (sytematisches Beobachten, Messen); die Input-Output-Methode der Kybernetik wird angewandt (Ursache-Wirkung-Mechanismen aufdecken); komplexe Systeme wie der Mensch werden (durch Regeln) vereinfacht.

5.2 Der Weg nach innen

Auch der Sportpraktiker unterliegt oftmals den Irrtümern des Behavioristen, der da glaubt, ganz und ausschließlich nur aus sinnlicher Erfahrung („Praxis") zu handeln. In Wahrheit hat auch er seine Theorien „mittlerer Reichweite". Und er vermittelt „seine" Erfahrungen mit Hilfe überlieferter Denkformen und Abstraktionen, die er nicht aus der Erfahrungspraxis selbst gewonnen hat.

Aus dieser Erkenntnis heraus wird die einseitige Außenperspektive allmählich aufgegeben. Die Psychologen wenden sich nach innen, ohne freilich vom Anspruch zu lassen, exakte Aussagen zu machen und genaue Messungen wie die Naturwissenschaftler durchführen zu können.

5.2.1 Die TOTE-Einheit

Ein wichtiger Schritt dahin ist der *subjektive Behaviorismus* der Amerikaner MILLER, GALANTER und PRIBRAM (10). „Subjektiv" meint die Perspektive der Introspektion. Nach MILLER/GALANTER/PRIBRAM ist ein Behaviorist dann „subjektiv", wenn er bereit ist, „introspektiv darüber nachzudenken, was er tun würde, wenn er selbst in der schlimmen Lage wäre, in der seine Ratten sich befinden . . ." (11). **Wissenschaftliches Modell**

Die Autoren spielen hier auf die tierexperimentelle Praxis der Behavioristen mit Ratten an. Indem wir uns „in ihr Bewußtsein versetzen", werden wir „subjektiv". Handelt es sich dabei um das Bewußtsein der Athleten, so sind wir auf dem Wege zum „subjektiven Trainer-Behavioristen". (Dabei ist die Lage der Athleten hoffentlich nicht vergleichbar mit der der Ratten, die in einen engen Experimentierkäfig gesperrt auf ein Reiz-Reaktion-Verhalten hin konditioniert werden.)

MILLER/GALANTER/PRIBRAM lehnen einige Grundannahmen des klassischen Behaviorismus ab. Sie machen selber folgende Annahmen:

Der Reflexbogen (als ein Reiz-Reaktion-Modell) kann nicht die Grundeinheit des menschlichen Verhaltens und Handelns sein. **1. Annahme**

Erläuterung:

Physiologisch gesehen gibt es den Reflexbogen. Die Signale gehorchen dem Alles-oder-Nichts-Gesetz, die Reflexhandlungen sind einbahnig, und die Reaktion wird nach Stärke des Reizes abgestuft. Menschliches Handeln hingegen erfolgt oft ohne wahrnehmbaren Reiz. Zugleich gilt hier: starke Reize können manchmal nichts, ganz schwache Reize alles bewirken. Aus Sicht des Reflexbogens völlig „unangemessen" ist die verbale Strafandrohung eines Fußballspielers (Reaktion) auf den heimtückischen Tritt eines Konkurrenten (Reiz). Der Bogen ist „unterbrochen".

2. Annahme Menschliche Handlungen werden von inneren Vorstellungen gesteuert. Diese haben zwei Ausprägungen, die miteinander verbunden sind:

— **Handlungspläne** als eine Über-Unterordnung (Hierarchie) von Informationen;
Bild (Image) als angesammeltes Wissen.

Erläuterung:

Ein Plan ermöglicht die Aufeinanderfolge von Handlungsschritten (Operationen). Er hat eine hierarchische Organisation, deren umfassendere Einheit „Strategie", deren kleinere Einheit „Taktik" genannt wird.

Das Bild stellt das gesamte organisierte Wissen der Person über sich selbst und über die Umwelt dar. Pläne sind notwendig, um neue Erfahrungen zu sammeln. Sie sind aber nur durchführbar auf der Grundlage bereits vorhandenen Wissens.

3. Annahme Das Grundelement des Verhaltens ist der Rückkopplungskreis, der in Form des **TOTE-Modells** als Analyseeinheit sowohl Verhalten allgemein als auch den Reflex als Sonderfall erklärt.

Abbildung 28 stellt diese **TOTE**-Einheit als Muster einer Reflexhandlung dar.

Erläuterung:

„Eingangsenergien werden in der Prüfung (Test) mit gewissen Kriterien, welche im Organismus festgehalten sind, verglichen. Eine Reaktion erfolgt, wenn das Resultat des Tests eine Inkongruenz aufweist. Die Reaktion geht weiter, bis die Inkongruenz verschwindet, womit der Reflex zu Ende gekommen ist. Wir haben also eine Rückkopplung vom Handlungsresultat zur Testphase, eine rekursive Schleife" (12).

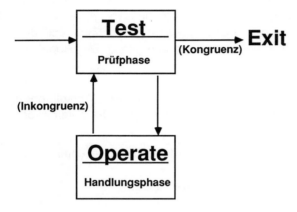

Abb. 28   Die Test-Operativ-Test-Exit-Einheit

Menschliches Handeln ist komplex, d. h. es umfaßt stets mehrere über-/untergeordnete **TOTE**-Einheiten **(TOTE**-Hierarchien), innerhalb deren der Plan die Prüfkriterien bestimmt und das Bild sagt, wie das Ergebnis werden soll.

4. Annahme

Das wird am Beispiel des Nageleinschlagens erläutert. Der Vorgang des Hämmerns (= **TOTE**-Einheit) hat zwei Phasen: Heben des Hammers und Zuschlagen. Der Vorgang wird so lange wiederholt, bis das Ziel erreicht ist. Der Nagel ist versenkt. *Abbildung 29* veranschaulicht den gesamten Vorgang.

Beispiel

Dieses Modell läßt sich leicht auf den Sport übertragen. Wir könnten z. B. ein Ruderrennen als eine Hierarchie von **TOTE**-Einheit auffassen. Die Ruderer wollen vom Start zum Ziel gelangen, also eine Strecke überwinden, prüfen somit ständig, ob sie bereits angelangt sind; sofern nicht (= Inkongruenz), heben und senken sie die Ruder so lange, bis zwischen Plan und Ziel (Bild) Übereinstimmung (= Kongruenz) besteht.

Handlungsmodelle im Sport

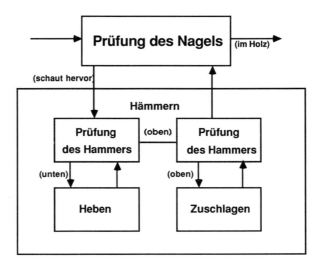

Abb. 29   Der hierarchische Plan für das Nageleinschlagen

Die **Stärken** der ***TOTE-Einheit:***

Diskussion

Sie überwindet die Einseitigkeit des behavioristischen Reflexbogens als Grundeinheit des menschlichen Verhaltens und Handelns. Sie setzt an seine Stelle die Rückkopplung, mit deren Hilfe der Mensch (Sportler) lernt, die eigenen Handlungspläne der Situation angemessen auszuwählen und anzupassen.

Ferner verbindet dieses Modell sinnvoll vergangene Erfahrung („Bild") mit gegenwärtiger Erfahrung in der Prüfphase. Es erklärt ferner, wie durch Abruf über- und untergeordneter (= hierarchischer) Plansysteme und ständigem Sollwert-Istwert-Vergleich im Handeln ein Handlungsziel erreicht wird.

Die **Schwächen** der ***TOTE-Einheit:***

Sie nimmt Handlungspläne (= Sollwerte) an, die das Verhalten und Handeln steuern. Sie klärt nicht auf, wie diese Sollwerte entstehen, wie sie überprüft und verändert werden. Es entsteht so der Eindruck, als seien diese Sollwerte „absolut".

Es kommen ferner andere „steuernde Instanzen" zu kurz. Das ***TOTE***-Modell erklärt nicht, warum dieser Sportler manchmal schon nach dem ersten Fehlversuch aufgibt, während ein anderer bis zum Erfolg durchhält. Die Handlungspläne sind gleich. Ungleich sind oft die Motive, die Einstellung, die Wertsysteme oder der Leistungszustand.

5.2.2 Ein Handlungsmodell

Wissenschaftler verwenden zwar „übergreifende" Modelle, so die Kybernetik, Informatik und Kommunikationstheorie. Diese Modelle sollen den Gegenstand ihrer Untersuchungen möglichst vollständig erfassen und darstellen. Dennoch sind diese Modelle in doppeltem Sinne „einseitig": Sie betonen stets eine bestimmte Seite ihres Gegenstandes, z. B. den Zusammenhang seiner Elemente (= Struktur) oder deren abhängige Wirkungen (= Dynamik); sie stellen stets „nur" einen gedanklichen (rationalen) Entwurf der Wirklichkeit dar, die in sich auch widersprüchlich (irrational) ist.

Einführung

Entsprechend dem Anspruch, gültige Aussagen über ihren Forschungsgegenstand zu machen, engen die Wissenschaften den Gegenstand ein. *Philosophen* untersuchen und reflektieren Werte, Wesen, Sinn und „letzte Fragen" des Lebens, der Welt und der Geschichte. Sie interessiert als Wissenschaftler nicht, wie ein Muskel kontrahiert oder wie der Stoffwechsel reguliert wird. *Mediziner* untersuchen körpereigene (somatische) Organsysteme und jene Vorgänge, die sie untereinander und mit der Außenwelt verbinden. Für sie „denkt" nicht der Mensch, sondern das Großhirn. Für die *Psychologen* ist eigentlich das wichtig, was für Behavioristen unsichtbar ist und in die Black-box gehört: das Verhalten und Handeln steuernde „Innenleben" des Menschen. Einflüsse wie Erdanziehung, Luftwiderstand werden zu „Störgrößen", die allenfalls mitbedacht, keinesfalls aber untersucht werden.

Auch der Trainer muß immer wieder einmal „einseitig" sein, wenn bei einem Athleten eine besondere Schwäche (z. B. in der athletischen Grundausbildung oder der Technomotorik) vorliegt, oder wenn ein bestimmtes Problem (der Verständigung oder der Selbststeuerung des Athleten) gelöst werden muß. Dann wird er vorübergehend betont konditionelle Leistungsbereiche oder die Koordination trainieren, oder er macht Techniken der Gesprächsführung und Selbstregulation zum Trainingsschwerpunkt. Aber er wird dennoch niemals den Menschen Athlet auf den Faktor Kondition reduzieren.

Denn der Athlet ist bei allem, was er tut, ein *handelndes Gesamtsystem,* dessen Teilsysteme (z. B. Wahrnehmung, Denken, Körperfunktionen) vorübergehend zugunsten besonders beanspruchter über- oder untergeordneter Teilsysteme immer nur runter-, selten ab-, niemals ausgeschaltet werden können. Der Athlet bleibt die „ganze Person" Hans oder Birgit, auch wenn er zur Zeit den Quadriceps an der Kraftmaschine trainiert.

Dieser menschlichen Wirklichkeit im Sport, oft verkannt, oft vernachlässigt oder bewußt vereinseitigt, tragen der ***Begriff des Handelns*** und der ***Handlungsmodelle*** Rechnung. Wir wollen hier ein solches Modell von der allgemeinsten Erfahrung (Praxis) her zu entwickeln versuchen.

Es wird sich dabei zeigen, daß dieses Modell die wesentlichen fortschrittlichen Merkmale der oben dargestellten anderen Modelle zu verbinden versucht, also die Außen-Innen-Beziehung, interne und externe Rückmeldung, die Bewertung von Informationen und die hierarchisch-sequentielle Steuerung durch Handlungspläne.

Wir fragen:

Problemstellung Was alles geht im Athleten, am Athleten und durch den Athleten vor sich, wenn dieser einen Wettkampf bestreitet? Wir diskutieren das Grundmodell *(Abb. 30),* das vereinfachte Begriffe benutzt und hoch komplexe und komplizierte Vorgänge oder Einheiten zusammenfaßt.

Erläuterungen Der Athlet hat mit seiner Sportart, seiner Leistungsklasse und anderen Einflüssen eine ganz spezielle *Umwelt* (U_1), mit ausgewählten Bedingungen (Reizen). Der konkrete Wettkampf stellt ihn vor eine besondere *Aufgabe,* die niemals identisch wiederholt werden kann. Denn die physikalischen (Natur) und sozialen Einflüsse (Gegner) sind veränderlich. Gleiches gilt für jede einzelne Wettkampfsituation. Der Athlet muß sich (immer erneut) auf die jeweilige Aufgabe *einstellen.* Er tut das bewußt durch Aufnahme von Informationen, die ihm wichtig erscheinen, unbewußt durch Körperreaktionen. Die oft unterbewußte *Vorwegnahme* des Wettkampfverlaufs und -ergebnisses und die interne *Gewichtung* beider führen bereits zu einem ***psychischen Vorstartzustand.***

Psychische und somatische Vorgänge werden somit zeitgleich geschaltet. Sie beeinflussen sich oft wechselseitig, indem z. B.

Handlungsmodelle im Sport

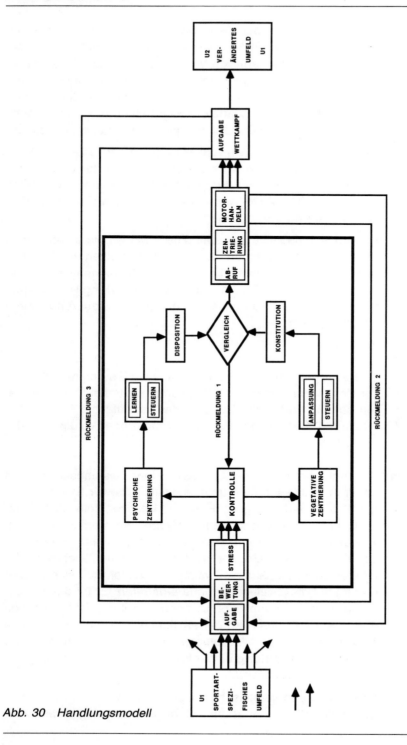

Abb. 30   Handlungsmodell

belastende "Aufgaben" (Streß) eine größere Adrenalin-Ausschüttung ins Blut bewirkt, deren Auswirkung (schnelles Blutangebot, größere Sauerstoffzufuhr) die Lösung der Aufgabe erleichtern, aber auch behindern kann.

Ein mittleres Aktivationsniveau *(Streß)* als leistungsangemessener Reiz (= subjektiv und objektiv tolerable Belastung und Beanspruchung) fördert die **psychische Zentrierung** der einlaufenden Informationen mit langfristig angelegten Bewertungssystemen und Motiven und beeinflußt direkt Prozesse der Steuerung und des Lernens. Mittlerer Streß bewirkt zusammen mit überdauernden Persönlichkeitsmerkmalen eine bestimmte **Disposition** (für Situationen und Wettkampf). Mittlerer Streß führt aber auch zu einer unwillkürlich motorischen, hier kurz: **vegetativen Zentrierung,** über die jene zur Bewältigung der Aufgaben erforderlichen muskulären und organischen Anpassungen (Adaptation) erfolgen. Diese und die allgemeinen Körpermerkmale des Athleten ergeben zusammen die leistungsbestimmende **Konstitution.**

Konstitution und Disposition stellen Zustände und Handlungsmuster (als Vorentwürfe) bereit, die intern auf ihre Erfolgswahrscheinlichkeit (Angemessenheit) hin überprüft werden (Sollwert-Istwert-Vergleich). Eine "innere **Kontrollstelle**" erhält Rückmeldungen (1. Ordnung), wenn etwas noch nicht stimmt. Die angebotenen Entwürfe (Zustände) werden einer **Revision** unterworfen. Stimmen Zustände und Entwürfe mit den vermuteten Anforderungen des Wettkampfes (Situation) überein, erfolgt Abruf und die Zentrierung auf das wahrscheinlich günstigste (oder bestmögliche) motorische Handeln (Aktion). Während dieses Vollzugs laufen interne Rückmeldungen (über die Propriorezeptoren) und raumzeitliche Rückmeldungen (2. Ordnung). Die Handlung verändert zugleich die Wettkampfsituation. Das Maß ihrer Wirkungen wird vom Athleten an Geräten, Raum, Zeit und anderen Personen als Veränderung wahrgenommen und auf das eigene Verhalten, Entscheiden und Handeln "rückgemeldet" (3. Ordnung).

Im Verlauf des Wettkampfes muß der Athlet ständig alle Prozeßstufen offenhalten; oftmals muß er sich neu orientieren oder die Situation umbewerten: der Gegner ist stärker oder schwächer als erwartet. Damit erhalten Wettkampfverlauf und -ergebnis ein neues Gewicht. Oft widerspricht der Wettkampfverlauf allen Erwartungen, weil der Athlet falsch eingestellt ist oder entscheidende Merkmale (leistungsbestimmende Einflüsse) nicht richtig wahrgenommen hat.

Die **Revision** kann sich auf den internen Entscheidungsprozeß beziehen, durch den Bewegungsmuster ausgewählt und ihre Erfolgsaussicht (falsch) eingeschätzt wurde. Manche Athleten revidieren ihre Handlungspläne oder Bewegungsmuster auch dann, wenn sie erfolgreich sind. Das kann psychische Ursachen (Wiederholung wird langweilig; man traut der Sache nicht mehr), kann auch physische Gründe haben (z. B. die periphere oder zentrale Ermüdung). Dann muß der Athlet seine Erwartungen senken, muß einfachere Muster abrufen und insgesamt „ökonomischer" mit seinem Energiehaushalt umgehen. Erneut schließt sich der Kreis zwischen psychischen Steuerungs- und physischen Versorgungsprozessen unter den konkurrenzbedingten, sozialen Anforderungen des Wettkampfes.

Das Modell in seiner reduzierten Komplexität und Kompliziertheit beansprucht Gültigkeit sowohl für einen Wettkampf, nach dessen Verlauf die Außen-Welt (U_1) eine andere geworden ist (U_2), als auch für kleinste situative Einheiten, etwa für den ersten Blickkontakt zwischen zwei Wettkampfgegnern; dieser vielleicht kürzeste kommunikative Prozeß kann über den gesamten Wettkampf entscheiden (!). Es erübrigt sich, darauf hinzuweisen, daß dieses vieldimensionale Modell auch für das Handeln des Trainers gilt.

5.2.3 Folgerungen für die Praxis

Das Modell zeigt die Schaltstellen, an denen Informationen (Reize) umgeschaltet (übertragen) werden. Es sind das zugleich die Schwachstellen, an denen Störungen der Übertragung (Übersetzung, Umsetzung) auftreten können. Hier setzt gezielt die Trainingssteuerung mit systematisch kontrollierten Belastungen (und Beanspruchungen) an, indem sie zunächst Zustände der Instabilität erzeugt, die durch Anpassung (Superkompensation) ausgeglichen werden.

Die Kenntnis dieser Schwachstellen gestattet es dem Trainer, bei Störungen (der Bewegung, der Leistung), eine **gezielte Fehlerbeobachtung** und **-analyse** vorzunehmen. Diese bildet die Grundlage einer erfolgreichen **Fehlerkorrektur.** Dabei sollte der Trainer bedenken, daß er nun seinerseits Handlungsstufen des Handlungsmodells durchläuft und selber das Opfer verschiedener Fehlerquellen werden kann. Gezielt angeforderte und ausgewertete Rückmeldungen (1., 2. und 3. Ordnung) helfen ihm dabei, die Zahl überflüssiger (störender) Fehler möglichst klein zu halten.

Beispiel Unter hohem Wettkampfstreß ruft der Athlet manchmal völlig unangemessene Muster ab. Einige der häufigsten Ursachen:
1. Die psychische Zentrierung gelingt nicht mehr; der Athlet ist (adrenalin-)übersteuert.
2. Die interne Kontrolle setzt aus, es findet kein „inneres Probehandeln" mehr statt.
3. Die vegetative Zentrierung gelingt nicht mehr, weil Energiespeicher erschöpft sind.
4. Eine allgemeine Übersäuerung behindert die Stoffwechselprozesse in zentral beanspruchten Zellen (Muskeln, Großhirn).

Aufgabe 14

> *Welchen besonderen Beitrag zum Verständnis sportlicher Bewegungen liefern die nachfolgenden Theorien und Modelle:*
>
> *1. Behaviorismus:* _____
>
> *2. **TOTE**-Modell:* _____
>
> *3. Handlungstheorie:* _____

Aufgabe 15

> *Wählen Sie eine für Ihre Schwerpunktsportart typische (komplexe) Handlung aus und spielen Sie diese mit Hilfe des Handlungsmodells (Abb. 30) durch. Stellen Sie sich dabei für jede Phase bestimmte Fragen, z. B.:*
>
> *— Welche Umweltbedingungen sind für die Handlung typisch/ideal/notwendig?*
>
> *— Vor welche Aufgabe ist die Wahrnehmung gestellt? usw.*

6. Anhang

6.1 Lösungen zu den im Text gestellten Aufgaben

Zu 1.6

Aufgabe 1: 1.1 ja; 1.2 nein; 1.3 nein

Aufgabe 2: 2.1 nein; 2.2 ja; 2.3 nein; 2.4 ja

Aufgabe 3: 3.1 nein; 3.2 ja; 3.3 ja; 3.4 nein

Aufgabe 4: Der Autor hat Recht, insofern er Spieler zitiert. Er unterstellt allerdings dem magischen Denken von Sportlern animistische, also frühzeitliche Vorstellungen. Folgerungen: Magische Praktiken bewußt und damit kontrollierbar machen.

Zu 2.6

Aufgabe 5:
1 = Umwelt
2 = System Mensch/Sportler
3 = Internes Feedback
4 = Output
5 = Externer Beobachter

Aufgabe 6: Es fehlen: A, E

Aufgabe 7: Trainer-Perspektiven
A = externer Beobachter
B = beobachtet überhaupt nicht
C = externer/interner Beobachter

Zu 3.4

Aufgabe 8: vgl. dazu Abb. 14, S. 45

Aufgabe 9:
Öltanker = Regelgröße
Seitenwind = Störgröße
Ruder = Stellglied
Lot = Meßfühler
Kapitän = Regler
Fahrtrichtung = Sollwert
gemessene Wassertiefe = Meßwert
notwendige Fahrtiefe = Stellwert
Hafenmole/Pier = Sollwert
Ölgesellschaft = Führungsgröße

Zu 4.11

Aufgabe 10: Der Athlet „präsentiert" den Zuschauern eine Leistung, die diese „annehmen" und „verstärken". Sie kommunizieren somit (10.2: R), müssen dazu aber Informationen austauschen (10.3: R).

Aufgabe 11: Eine Handlung wiederholt ausgeführt sehen, heißt noch nicht, daß man sie in ihrer Bedeutung und Wirkung versteht (11.1: F). Da von den Zuschauern keine Rückmeldung an den Speer erfolgt, liegt kein Informationsaustausch vor (11.4: F): Es ist nicht typisch für die Rolle des Zuschauers, andere zu informieren und aufzuklären (11.3: F). Nur wenn Informationen in einen (situativen) Sinnzusammenhang gestellt und gedeutet werden können, wird ein Vorgang verstanden (11.2: R).

Aufgabe 12: Die anfänglich symmetrische Kommunikation schlägt um in eine komplementäre. Der Grund: Offenbar macht der Erfolgszwang den Trainer nervös; seine latente wird zur offenen Aggressivität.

Aufgabe 13: 1 F; 2 R; 3 F

Aufgabe 14:
1. Verhaltensbeobachtung
2. Rückmeldung
3. Innen-außen-Beziehung

6.2 Anmerkungen

(1) HAGEDORN 1979, 4—11
(2) TACK 1975, 234
(3) TACK 1975, 234
(4) VINNAI 1970, 73
(5) MITTELSTAEDT 1961
(6) MILLER 1951
(7) DRISCHEL 1973
(8) WATZLAWICK 1980, 53
(9) WATZLAWICK 1980, 50 f.
(10) MILLER/GALANTER/PRIMBRAM 1960
(11) MILLER/GALANTER/PRIMBRAM 1973, 207
(12) MILLER/GALANTER/PRIMBRAM 1973, 33

6.3 Literaturverzeichnis

Deutscher Sportbund, Verein Trainerakademie Köln e. V.: Curriculum für das Studium an der Trainerakademie Köln. Frankfurt 1986. Neufassung Köln 1990.

DRISCHEL, H.: Einführung in die Kybernetik. Berlin 1973.

GABLER, H./EBERSPÄCHER, H./HAHN, E./KERN, J./SCHILLING, G.: Praxis der Psychologie im Leistungssport. Berlin 1979.

HAGEDORN, B.: Braucht der Sportspiel-Trainer die Spielanalyse? In: Leistungssport 9 (1979) 1, 4—11.

MILLER, G. A. (1951) zit. bei GRAUMANN, C. F.: Interaktion und Kommunikation: In: GRAUMANN (Hrsg.), Sozialpsych. Hb. d. Psych., Bd. 7 (2), S. 1109—1262. Göttingen 1972.

MILLER, G. A./GALANTER, E./PRIBRAM, K. H.: Plans and the Structure of Behavior. Inc., 1960. deutsch: Strategien des Handelns. Stuttgart 1973. S. 33, S. 207.

MITTELSTAEDT, H.: Die Regelungstheorie als methodisches Werkzeug der Verhaltensanalyse. In: Naturwissenschaft 48 (1961), 250 ff.

TACK, W. H.: Mathematische Modelle in der Sozialpsychologie. In: Hb. d. Psychologie. 7. Bd. Sozialpsych., 2. Halbbd.: Theorien und Methoden. S. 232—265. Göttingen/Toronto/Zürich 1975.

VINNAI, G.: Fußballsport als Ideologie. Frankfurt 1970.

WATZLAWICK, P./BEAVIN, J. H./JACKSON, DON D.: Menschliche Kommunikation. Bern/Stuttgart/Wien. 5. Aufl., 1980, S. 50.

6.4 Verzeichnis der Abbildungen

Abb. 1, S. 21: Modell- oder Analogiebeziehung (-relation) zwischen zwei Systemen
Abb. 2, S. 27: Wechselbeziehung zwischen Person und Umwelt
Abb. 3, S. 27: Blockschema der Wechselbeziehung zwischen Person und Umwelt
Abb. 4, S. 30: Modell des Doppels im Tennis mit Feedbackbeziehungen zwischen den Paaren und innerhalb der Paare
Abb. 5, S. 31: Modell der Wettspielsituation zwischen den Kooperativen . . .
Abb. 6, S. 33: Modell des Umweltreize verarbeitenden Systems Mensch mit den drei Teilstrukturen . . .
Abb. 7, S. 33: Modell des Umweltreize verarbeitenden Systems Mensch mit dem externen Feedback
Abb. 8, S. 35: Blockbild des Systems Mensch mit externem und internem Feedback
Abb. 9, S. 36: Blockbild (Blockdiagramm) des Systems Mensch mit den Bereichen . . .
Abb. 10, S. 37: Die Input-Output-Perspektive eines externen Beobachters
Abb. 11, S. 38: Die doppelte Inside-Perspektive des internen Beobachters
Abb. 12, S. 39: Unvollständiges Modell der Person-Umwelt-Beziehung
Abb. 13, S. 40: Unvollständiges Modell des Systems Mensch
Abb. 14, S. 45: Modell des kybernetischen Regelkreises
Abb. 15, S. 48: Regelkreis mit seinen zehn Kenngrößen
Abb. 16, S. 51: Blockschaltbild einer Steuerkette
Abb. 17, S. 51: Modell eines Langlaufs als Steuerkette . . .
Abb. 18, S. 52: Allgemeines Modell der Steuerkette mit der steuernden und der gesteuerten Größe
Abb. 19, S. 53: Steuerkette eines Langlaufs in zwei Phasen
Abb. 20, S. 57: Grundmodell der technischen Kommunikation . . .
Abb. 21, S. 57: Grundmodell der technischen Kommunikation ergänzt . . .

Abb. 22, S. 58: Modell einer Nachrichtenübertragungskette
Abb. 23, S. 59: Modell eines einfachen Signalübergangs vom Sender . . .
Abb. 24, S. 65: Grundmodell der zwischenmenschlichen Kommunikation . . .
Abb. 25, S. 67: Modell des Kommunikators (A), dessen Informationsquelle . . .
Abb. 26, S. 68: Modell des Kommunikanten . . .
Abb. 27, S. 75: Das Reiz-Reaktion-Modell mit den Größen . . .
Abb. 28, S. 80: Die Test-Operate-Test-Exit-Einheit
Abb. 29, S. 81: Der hierarchische Plan für das Nageleinschlagen
Abb. 30, S. 84: Handlungsmodell

6.5 Wir raten zu lesen

1. Allgemeines

GIGERENZER, G.: Messung und Modellbildung in der Psychologie (= UTB 1047). München/Basel 1981.
RÖTHIG, P. (Red.): Sportwissenschaftliches Lexikon. Schorndorf, 5. Aufl. 1983.
STACHOWIAK, H.: Allgemeine Modelltheorie. Wien/New York 1973.
TACK, W. H.: Mathematische Modelle in der Sozialpsychologie. In: Hb. d. Psychologie. 7. Bd. Sozialpsych., 1. Halbbd.: Theorien und Methoden. S. 232—265. Göttingen/Toronto/Zürich 1975.
VINNAI, G.: Fußballsport als Ideologie. Frankfurt 1970.

2. Zum kybernetischen Modell

DRISCHEL, H.: Einführung in die Biokybernetik. Berlin 1973.
FLECHTNER, H.-J.: Grundbegriffe der Kybernetik. Stuttgart 1972.
KLAUS, G.: Wörterbuch der Kybernetik, Bd. 1—2. Frankfurt 1971.
KLAUS, G.: Kybernetik und Erkenntnistheorie. Berlin (Ost) 1972.
KLIX, F.: Information und Verhalten. Berlin (Ost) 1971.
MILLER, G. A./GALANTER, E./PRIBRAM, K. H.: Plans and the Structure of Behavior. Inc., 1960. deutsch: Strategien des Handelns. Stuttgart 1973.
UNGERER, D.: Zur Theorie des sensomotorischen Lernens (= Beitr. z. Lehre u. Forschg. d. Leibeserz., Bd. 36). Schorndorf 1971.
WIENER, N.: Kybernetik (= rde 294/295). Hamburg 1968.

3. Zur Kommunikation

ARGYLE, M.: Körpersprache und Kommunikation. (= Innovative Psychotherapie u. Humanwiss., Bd. 5) Paderborn 1979.
GRAUMANN, C. F.: Interaktion und Kommunikation. In: C. F. GRAUMANN (Hrsg.), Sozialpsych. Hb. d. Psych., Bd. 7 (2), S. 1109—1262. Göttingen 1972.
MASER, S.: Grundlagen der allgemeinen Kommunikationstheorie. Berlin, 2. Aufl. 1973.

WATZLAWICK, P.: Wie wirklich ist die Wirklichkeit? München, 9. Aufl. 1982.
WATZLAWICK, P./BEAVIN, J. H./JACKSON, DON D.: Menschliche Kommunikation. Bern/Stuttgart/Wien, 5. Aufl., 1980.

4. Zur Handlungstheorie

FRANKE, E.: Theorie und Bedeutung sportlicher Handlungen. (= Beitr. z. Lehre u. Forschg. i. Sport, Bd. 67). Schorndorf 1978.
HAGEDORN, G./KARL, H./BÖS, K. (Red.): Handeln im Sport. (DVS-Protokolle 18) Clausthal-Zellerfeld 1985.
HECKHAUSEN, H.: Motivation und Handeln. Lehrbuch der Motivationspsychologie. Berlin/Heidelberg/New York 1980.
HOLZKAMP, K.: Grundlegung der Psychologie. Frankfurt/New York 1983.
JANSSEN, J. P./HAHN, E. (Hrsg.): Aktivierung, Motivation, Handlung und Coaching im Sport (= SR Bundesinst. f. Sportwiss., Bd. 52). Schorndorf 1983.
LENK, H.: Handlungstheorien interdisziplinär. Bde. 1—4. München 1977—1984.
WERBIK, H.: Handlungstheorien. Stuttgart 1978.

Eine Auswahl aus unserem umfangreichen Angebot an Fachliteratur zur Sportwissenschaft

In unserem Angebot von über 400 Fachbüchern zur Sportwissenschaft und Sportpraxis sind auch eine Reihe von interessanten Titeln:

Haag/Strauß/Heinze: **Theorie- und Themenfelder der Sportwissenschaft**
Format 17 × 24 cm, 352 Seiten ISBN 3-7780-7884-4

Bielefelder Sportpädagogen: **Methoden im Sportunterricht**
Format DIN A 5, 216 Seiten ISBN 3-7780-4961-5

Röthig (Red.) u. a.: **Sportwissenschaftliches Lexikon**
Format DIN A 5, 460 Seiten ISBN 3-7780-4495-8

Kuhn: **Funktionelle Anatomie des menschlichen Bewegungsapparates**
Format DIN A 5, 192 Seiten ISBN 3-7780-4732-9

Rieckert: **Leistungsphysiologie**
Format DIN A 5, 160 Seiten ISBN 3-7780-4931-3

Maxeiner: **Wahrnehmung, Gedächtnis und Aufmerksamkeit im Sport**
Format DIN A 5, 188 Seiten ISBN 3-7780-4951-8

Kurz: **Elemente des Schulsports**
Format DIN A 5, 258 Seiten ISBN 3-7780-6573-4

Scheid: **Bewegung und Entwicklung im Kleinkindalter**
Format DIN A 5, 184 Seiten ISBN 3-7780-4971-2

Roth: **Taktik im Sportspiel**
Format DIN A 5, 278 Seiten ISBN 3-7780-8691-X

Bitte fordern Sie unser ausführliches Gesamtverzeichnis an

Hofmann-Verlag · 7060 Schorndorf
Steinwasenstraße 6—8 · Postfach 1360 · Tel. 0 71 81 / 78 11

Eine Auswahl aus unserem umfangreichen Angebot an Fachliteratur zur Trainingslehre

In unserem Angebot von über 400 Fachbüchern zur Sportwissenschaft und Sportpraxis sind auch eine Reihe von interessanten Titeln für die Trainingslehre:

Bührle (Hrsg.) u. a.: **Grundlagen des Maximal- und Schnellkrafttrainings**
Format DIN A 5, 324 Seiten   ISBN 3-7780-8561-1

Carl: **Training und Trainingslehre in Deutschland**
Format DIN A 5, 300 Seiten   ISBN 3-7780-7481-4

Frey: **Training im Schulsport**
Format 14 × 21 cm, 308 Seiten   ISBN 3-7780-6651-4

Haag/Dassel (Hrsg.): **Fitness-Tests**
Format DIN A 5, 196 Seiten   ISBN 3-7780-5792-4

Kirsch: **Medien in Sportunterricht und Training**
Format 15,3 × 21 cm, 220 Seiten   ISBN 3-7780-7771-6

Martin: **Grundlagen der Trainingslehre, Teil I**
Format DIN A 5, 292 Seiten   ISBN 3-7780-4632-2

Martin: **Grundlagen der Trainingslehre, Teil II**
Format DIN A 5, 342 Seiten   ISBN 3-7780-4772-8

Nöcker: **Die biologischen Grundlagen der Leistungssteigerung durch Training**
Format DIN A 5, 140 Seiten   ISBN 3-7780-4037-5

Rossmann: **Verhaltenskonzept für das sportliche Training von Jugendlichen**
Format DIN A 5, 440 Seiten   ISBN 3-7780-8591-3

Bitte fordern Sie unser ausführliches Gesamtverzeichnis an

Hofmann-Verlag · 7060 Schorndorf
Steinwasenstraße 6—8 · Postfach 1360 · Tel. 0 71 81 / 78 11